SCHRIFTEN DER PHILOSOPHISCH-HISTORISCHEN KLASSE
DER HEIDELBERGER AKADEMIE DER WISSENSCHAFTEN

Band 62 (2021)

MISCHA MEIER

Die neronische Christenverfolgung und ihre Kontexte

Universitätsverlag
WINTER
Heidelberg

Bibliografische Information der Deutschen Nationalbibliothek
Die Deutsche Nationalbibliothek verzeichnet diese Publikation
in der Deutschen Nationalbibliografie;
detaillierte bibliografische Daten sind im Internet
über *http://dnb.d-nb.de* abrufbar.

ISBN 978-3-8253-4805-2

Dieses Werk einschließlich aller seiner Teile ist urheberrechtlich geschützt.
Jede Verwertung außerhalb der engen Grenzen des Urheberrechtsgesetzes
ist ohne Zustimmung des Verlages unzulässig und strafbar. Das gilt insbesondere für Vervielfältigungen, Übersetzungen, Mikroverfilmungen
und die Einspeicherung und Verarbeitung in elektronischen Systemen.

© 2021 Universitätsverlag Winter GmbH Heidelberg
Imprimé en Allemagne · Printed in Germany

Gedruckt auf umweltfreundlichem, chlorfrei gebleichtem
und alterungsbeständigem Papier.

Den Verlag erreichen Sie im Internet unter:
www.winter-verlag.de

INHALTSVERZEICHNIS

I. Das Problem 9

II. *Chrestiani*, die Rolle der stadtrömischen Juden und die Problematik einer Christenverfolgung 17

III. Der Brand Roms und die Christenverfolgung 33

IV. Neros Motive 47

V. Zusammenfassung 63

Literatur 67

Die neronische Christenverfolgung
und ihre Kontexte

I. Das Problem*

Tacitus, *Annalen* 15,44,2-5:

> *(2) Sed non ope humana, non largitionibus principis aut deum placamentis decedebat infamia, quin iussum incendium crederetur. ergo abolendo rumori Nero subdidit reos et quaesitissimis poenis adfecit, quos per flagitia invisos vulgus Chrestianos appellabat. (3) auctor nominis eius Christus Tiberio imperitante per procuratorem Pontium Pilatum supplicio affectus erat; repressaque in praesens exitiabilis superstitio rursum erumpebat, non modo per Iudaeam, originem eius mali, sed per urbem etiam, quo cuncta undique atrocia aut pudenda confluunt celebranturque. (4) igitur primum correpti qui fatebantur, deinde indicio eorum multitudo ingens haud proinde in crimine incendii quam odio humani generis coniuncti[1] sunt. et pereuntibus addita ludibria, ut ferarum tergis contecti laniatu canum interirent, aut crucibus adfixi atque flammati, ut,[2] ubi defecisset dies in usu<m> nocturni luminis urerentur. (5) hortos suos ei spectaculo Nero obtulerat et circense ludicrum edebat, habitu aurigae permixtus plebi vel curriculo insistens. unde quamquam adversus sontes et novissima exempla meritos miseratio oriebatur, tamquam non utilitate publica sed in saevitiam unius absumerentur.[3]*

(2) Aber weder durch die Solidarität der Menschen noch durch die Großzügigkeit des Kaisers oder die Besänftigung der Götter wurde die ungeheuerliche Anschuldigung aus dem Weg geräumt, dass man glaubte, der Brand sei befohlen worden. Um das Gerücht zum Verstummen zu bringen, unterschob daher Nero Schuldige und belegte sie mit ausgesuchtesten Strafen; es waren die, die wegen ihrer Untaten verhasst waren, und die der Pöbel *Chrestiani* nannte. (3) Der Begründer dieser Gruppierung, Christus, war unter der Herrschaft des Tiberius durch den *procurator* Pontius Pilatus hingerichtet worden; die so für den Augenblick unterdrückte verbrecherische religiöse Geheimbündelei brach sich wieder Bahn – nicht einmal nur

---

* Mein herzlicher Dank geht an Maren NIEHOFF, die das Manuskript gelesen hat und mit der ich einige Fragen diskutieren konnte.
[1] *Coniuncti* statt *convicti*: S. u. Anm. 105.
[2] *Aut crucibus adfixi atque flammati, ut* ist Konjektur, s. dazu u. Anm. 163.
[3] Text nach H. HEUBNER, P. Cornelii Taciti Libri qui Supersunt, Tom. I: Ab Excessu Divi Augusti, Stuttgart 1983. Zu den von HEUBNERS Text abweichenden Lesarten s. die obigen Anmerkungen.

in Judaea, der Region, wo dieses Übel entstanden war, sondern auch in der Stadt [Rom], wohin ja von überall her alle Greuel und Scheußlichkeiten zusammenströmen und gefeiert werden. (4) So wurden zunächst Leute festgesetzt, die ein Geständnis ablegten; dann wurde ihren Hinweisen folgend eine ungeheure Menge allerdings nicht unter dem Straftatbestand ‚Brandstiftung', aber doch wegen ihres Hasses auf das Menschengeschlecht zusammengebracht. Bei ihrer Hinrichtung wurden sie überdies verspottet: In Felle von Wild eingenäht starben sie von Hunden zerrissen; andere wurden ans Kreuz geschlagen und in Brand gesetzt, damit sie, sobald der Tag sich geneigt hätte, wie Lampen in der Nacht brennen würden. (5) Nero hatte seine Gärten für dieses Spektakel zur Verfügung gestellt; überdies gab er ein Zirkusspiel und mischte sich in Wagenlenkerkleidung unters Volk oder stand auf seinem Rennwagen. Obwohl es doch um Menschen ging, die schuldig waren und selbst neuartige Strafen gewiss verdient haben, regte sich daher Mitleid, als ob sie nicht für das öffentliche Wohl, sondern der wilden Grausamkeit eines Einzelnen zuliebe beseitigt würden.[4]

Zur Christenverfolgung unter Kaiser Nero im Jahr 64 ist, so könnte man meinen, inzwischen alles Denkbare gesagt worden. Mögliche Ursachen wurden ausgelotet, Kontexte aufgewiesen, der Ablauf minutiös rekonstruiert, und nicht zuletzt wurde auch über mutmaßliche Rechtsgrundlagen nachgedacht. Die kurzfristigen Folgen und langfristigen Auswirkungen der Geschehnisse sind weiterhin Gegenstand ausführlicher Debatten, und selbstverständlich steht auch unser wichtigstes Zeugnis, der kurze Bericht in den Annalen des Tacitus,[5] seit Jahrzehnten im Mittelpunkt kontroverser Analysen.[6]

In jüngerer Zeit hat Brent SHAW sich einmal mehr mit der neronischen Christenverfolgung befasst und einen neuen, bewusst provokativen

---

[4] Übersetzung nach SCHMITT 2011, 536 f., mit geringfügigen Änderungen.
[5] Tac. ann. 15,44.
[6] Es ist hier nicht der Ort, sämtliche bisher verfassten Arbeiten zur neronischen Christenverfolgung anzuführen. Aus der jüngeren Forschung sei besonders hervorgehoben: COOK 2010, 29-111; SCHMITT 2011; 2012; VAN DER LANS / BREMMER 2017; DRINKWATER 2019, 233-248; zusammenfassend s. auch FRENSCHKOWSKI 2013, 864-868; darüber hinaus s. GRAY-FOW 1998; LUND 2008; SONNABEND 2016, 110-129. Aus der älteren Literatur ist für die aktuelle Diskussion weiterhin von Bedeutung: FUCHS 1950; HANSLIK 1963; KOESTERMANN 1967; RORDORF 1982; KERESZTES 1984; VITTINGHOFF 1984; KIENAST 1994.

Akzent gesetzt, als er das Fazit zog, dass eine solche „never happened".[7] Damit hätte die Akte zum Jahr 64 vorerst geschlossen werden können und Neros Rolle innerhalb der Geschichte des Christentums insgesamt neu bestimmt werden müssen – doch obgleich SHAW vereinzelt Zustimmung gefunden hat,[8] so dauert die kontroverse Debatte dennoch an: Birgit VAN DER LANS und Jan BREMMER haben aus einer erneuten Analyse des taciteischen Erzählkomplexes um den Brand Roms und die Christen sowie aus der frühen christlichen Tradition weitere Argumente für die Historizität der Verfolgungen gewonnen.[9] Christopher P. JONES hat darauf hingewiesen, dass SHAW, indem er das Petrus-Paulus-Martyrium zum Erweis einer fehlenden Historizität der bei Tacitus beschriebenen Maßnahmen dekonstruiert, seinerseits eine unzulässige Vermengung mehrerer nicht zusammengehöriger Ereignisse betreibt.[10] Wolfram KINZIG sieht trotz der Unsicherheit, „inwiefern die antichristlichen Maßnahmen in Rom mit dem Feuer zusammenhängen, welches weite Teile der Hauptstadt verwüstete", keinen Grund dafür, die Historizität eines Pogroms unter Nero grundsätzlich zu bezweifeln.[11] Und zuletzt wurde gegen SHAWS Vorschlag, die von Tacitus berichteten Ereignisse schlicht aus der Ge-

---

[7] SHAW 2015, 74: „The simple argument of this essay, deliberately framed as a provocative hypothesis, is that this event never happened and that there are compelling reasons to doubt that it should have any place either in the history of Christian martyrdom or in the history of the early Church".

[8] Vgl. ÖHLER 2018, 286-289.

[9] VAN DER LANS / BREMMER 2017.

[10] JONES 2017. In der Tat benutzt SHAW die Problematik der nur unsicher bezeugten Martyrien der Apostel als zentrales Argument, um eine neronische Christenverfolgung zu destruieren. Ein Zusammenhang zwischen dem Tod des Petrus und des Paulus einerseits sowie den Christenverfolgungen des Jahres 64 andererseits ist aber auf Basis der vorhandenen Zeugnisse ohnehin kaum herstellbar und wird daher auch nur von wenigen Interpreten postuliert (so z. B. von BARNES ²2016, 5-9). Insofern besitzt SHAWS Hinweis auf die Petrus-Paulus-Problematik für das eigentliche Problem – die Frage nach den bei Tacitus bezeugten antichristlichen Maßnahmen – ohnehin keine Relevanz, vgl. auch JONES 2017, 146 f.: „But it is a distortion to tie Tacitus' account of the punishment of Christians to the tradition that Peter and Paul were martyred on the same occasion, and to treat them as one 'event', 'a conventional certainty' requiring 'destruction'".

[11] KINZIG 2019, 29.

schichte der Christenverfolgungen zu streichen, noch einmal sehr dezidierter Widerspruch erhoben. John DRINKWATER formulierte den Einwand, dass ein derart rigoroser Ansatz bedeuten würde, „to underestimate Tacitus' capacity for personal research"; wie VAN DER LANS und BREMMER sieht auch er weiterhin hinreichend Gründe, um an der Historizität der Darstellung festzuhalten. Die Christenverfolgung Neros, so die Prämisse seiner weiteren Überlegungen, sei „a [...] historical fact".[12]

Indes vermag SHAW seine These auf einen dem ersten Eindruck nach durchaus bestechenden Argumentationsgang zu stützen, indem er zunächst aufweist, dass der Tod der Apostel Petrus und Paulus kaum mit einer möglichen Christenverfolgung durch Nero in Verbindung gebracht werden könne.[13] Ähnlich problematisch sei das vermeintliche Vorgehen gegen Christen im Jahr 64 zu beurteilen: Allein Tacitus berichte darüber, und spätere Quellen, die wie dieser eine Verknüpfung des großen Feuers in Rom mit christenfeindlichen Maßnahmen vornehmen (z. B. Sulpicius Severus, Orosius),[14] beruhten einzig auf seiner Darstellung. In Rom habe

---

[12] DRINKWATER 2019, 244.

[13] Vgl. SHAW 2015, 74-78: Während Petrus Rom vermutlich nie besucht habe und eher in Judaea um die Mitte der 50er Jahre gestorben sei („Compelling, if not definitive, arguments have been made that there is no good evidence to demonstrate that Peter was ever in Rome. It seems more probable that he died, perhaps even peacefully in bed, in Judaea in the mid-50s" [76]), habe es sich bei der Verurteilung und Hinrichtung des Paulus um einen regulären römischen Prozess gehandelt, der unabhängig vom Kaiser und möglichen christenfeindlichen Ambitionen durchgeführt worden sei („No matter how it was seen and interpreted by later Christian sources, Paul's hearings and his execution were subject to normal Roman judicial procedures. He was not executed on the charge of being a Christian, but as a man who had been found guilty of creating unlawful and seditious disturbances in the province of Judaea. And there are no specific links of Paul with Nero" [78]).

[14] Sulp. Sev. chron. 2,29,1: *Interea, abundante iam christianorum multitudine accidit, ut Roma incendio conflagraret, Nerone apud Antium constituto. sed opinio omnium inuidiam incendii in principem retorquebat, credebaturque imperator gloriam innouandae urbis quaesisse. neque ulla re Nero efficiebat quin ab eo iussum incendium putaretur. igitur uertit inuidiam in christianos, actaeque in innoxios crudelissimae quaestiones: quin et nouae mortes excogitatae, ut ferarum tergis contecti laniatu canum interirent, multi crucibus affixi aut flamma usti, plerique in id reseruati, ut cum defecisset dies, in usum nocturni luminis urerentur.* Oros. hist. 7,7,4-10: *denique urbis*

man hingegen in den 60er Jahren Christen noch gar nicht als eigenständige Gruppe identifizieren können, sondern entsprechende Etikettierungen durch Tacitus (und nahezu zeitgleich durch Sueton)[15] seien als Rückprojektionen aus dem frühen 2. Jahrhundert zu betrachten.

> What seems to have happened under Claudius and then again under Nero is the temporary banishment of some Jewish sectarians from the city of Rome, but not, in any event, persons who would logically have been labelled *at the time* as 'a new and evil *superstitio*', words which were used only much later by Roman officials to label Christians.[16]

Auffällige Konvergenzen zwischen Plinius, Sueton und Tacitus deuteten, so SHAW, vielmehr darauf hin, dass die Rückprojektion der erst zu Beginn des 2. Jahrhunderts belegten Bezeichnung *Christiani/Chrestiani* auf Neros Maßnahmen in einem spezifischen senatorischen bzw. senatsnahen Milieu erfolgte. Nero selbst hingegen habe nie Christen als solche verfolgt, sondern lediglich jüdische Unruhestifter attackiert, ohne dass dabei eine Verbindung mit dem Brand Roms sicher nachweisbar sei. Ein Zusammenhang zwischen dem Feuer, Neros Vorgehen gegen eine deviante Gruppe und den Christen sei erst seit dem 2. Jahrhundert konstruiert worden, als letztere mit ihren besonderen Eigenheiten eine stärkere Präsenz in der allgemeinen Wahrnehmung gewonnen hätten und sich zugleich – insbesondere im griechischen Osten – ein populärer Nero-Mythos herausgebildet habe, der durch jüdische Apokalyptik und christliche Naherwartungen zusätzlich an Wirkkraft gewonnen habe.[17] Die Vorstellung einer neronischen Christenverfolgung sei demzufolge „completely anachronistic".[18]

An diesem Punkt setzt die Kritik DRINKWATERS ein, der zu bedenken gibt:

> *Romae incendium uoluptatis suae spectaculum fecit; [...] nam primus Romae Christianos suppliciis et mortibus affecit ac per omnes prouincias pari persecutione excruciari imperauit nomen exstirpare conatus beatissimos Christi apostolos Petrum cruce, Paulum gladio occidit.*

[15] Suet. *Nero* 16,2: *afflicti suppliciis Christiani, genus superstitionis nouae ac maleficae.* Zur Überlieferung von *Christiani* s. ZARA 2011.
[16] SHAW 2015, 84.
[17] Vgl. SHAW 2015, 85-96.
[18] SHAW 2015, 96.

> „Though the term is not literary before the second century, its use by Tacitus for the Neronian principate is not necessarily anachronistic. In Tacitus' words, it was vulgar usage, which would have taken time to be adopted by educated writers" – vulgus […] appellabat.[19]

Im Rückgriff auf ältere Forschungen schlägt er vor, den Bericht des Tacitus ernst zu nehmen und auf eine Gruppe „on the margins of Christianity and Judaism" zu beziehen: konvertierte Juden. Diese hätten sich wegen ihrer sozialen Seklusion und spezifischer Eigentümlichkeiten als Sündenböcke nach dem Brand Roms geradezu angeboten; da sie zudem nicht Teil der sich im Osten vollziehenden Traditionsbildung gewesen seien, habe die christliche Überlieferung sie später nicht weiter berücksichtigt. Doch habe Tacitus die Ereignisse um die Gruppe der römischen *Christiani/Chrestiani* in seinen Quellen noch vorfinden können.[20] DRINKWATER rührt in der Tat am entscheidenden Schwachpunkt in SHAWS Argumentationskette: der *grundsätzlichen* Infragestellung des taciteischen Berichts, der lediglich deshalb allzu monolithisch erscheint, weil eine Parallelüberlieferung nicht existiert. Freilich vermag auch DRINKWATER die Frage nicht zu beantworten, wer in den 60er Jahren in Rom überhaupt in der Lage gewesen sein soll, die *Christiani/Chrestiani* als eigenständige Gruppe zu identifizieren. M. E. kann es auf diese Frage nur eine plausible Antwort geben: diejenigen, von denen die frühen Christen sich separiert und in besonderem Maße abzugrenzen hatten – die Juden.

Im Folgenden soll die These entwickelt werden, dass die neronische ‚Christenverfolgung' im Kontext von Spannungen zwischen Juden und Judenchristen gesehen werden muss und dass diese Spannungen zunächst Claudius zu Maßnahmen veranlasst haben.[21] Die kaiserliche Regierung mag durch Hinweise aus jüdischen Kreisen auf die Gruppe der *Chrestiani* bzw. *Christiani* aufmerksam geworden sein; vermutlich hegte man die Hoffnung, durch Appelle an den Herrscher die Aktivitäten der aus jüdischer Perspektive sektiererischen Kleingruppe einzudämmen. Dies wirft nicht nur die Frage nach möglichen Netzwerken und Vermittlern auf, sondern führt auch auf das Problem der Motive für Neros Vorgehen. Denn

---

[19] Tac. ann. 15,44,2.
[20] DRINKWATER 2019, 245. Ähnlich bereits MALITZ 1999, 72-74.
[21] Diese These ist im Grundsatz nicht neu, vgl. etwa KERESZTES 1984.

ein unmittelbarer Konnex zwischen der ‚Christenverfolgung' und dem Brand Roms ist – hier rekurriere ich auf die Ergebnisse Tassilo SCHMITTS – mit großer Sicherheit auszuschließen (s. u.). In diesem Zusammenhang soll nicht nur noch einmal die Symbolik der von Nero gewählten Hinrichtungsarten hinterfragt, sondern zugleich auch die spätantike Überlieferung zu diesem Kaiser mit einbezogen werden, da diese möglicherweise bisher zu wenig berücksichtigte Anhaltspunkte für die Deutung des Geschehens liefern kann.

II. *Chrestiani*, die Rolle der stadtrömischen Juden und die Problematik einer Christenverfolgung

Mein Ansatz geht aus von der jüngst wieder von SHAW und DRINKWATER vorgebrachten Überlegung, dass es sich bei den unter Nero verfolgten Personen um dieselben *Chrestiani* gehandelt haben muss, die bereits Claudius, wohl im Jahr 49,[22] aus Rom hatte vertreiben lassen[23] – eine vermeintlich jüdische Gruppe, die auf Anstiftung eines Chrestus permanent für Unruhe sorgte (*Iudaeos impulsore Chresto assidue tumultuantis Roma expulit [sc. Claudius]*).[24] Orosius will bei Josephos von ähnlichen Vorgängen im 9. Herrschaftsjahr des Claudius (= 49/50 n. Chr.) gelesen haben und bringt diese direkt mit der von Sueton vermerkten Ausweisung der Chrestus-Anhänger in Verbindung.[25] Zu ihnen dürfte auch das Ehepaar Aquila und Priscilla (Prisca) gezählt haben, das der *Apostelgeschichte* zufolge Rom verlassen musste und in Korinth mit Paulus zusammentraf.[26] Johannes Malalas erwähnt, möglicherweise demselben

---

[22] BOTERMANN 1996, 54-57, hält diese Datierung allerdings – gerade weil sie durch Orosius (s. u.) nahegelegt wird –, für unsicher. Vgl. auch LAMPE ²1989, 7 f.

[23] LAMPE ²1989, 4-9; TOBIN 2004, 20; COOK 2010, 14 f.; SHAW 2015, 84; DRINKWATER 2019, 246. Umfassend: BOTERMANN 1996. Zu den frühkaiserzeitlichen Judenvertreibungen aus Rom s. etwa GRUEN 2002, 15-53; VAN DER LANS 2015 (untersucht die Judenvertreibung im Kontext der Verbannung anderer Gruppen: Schauspieler, Philosophen, Astrologen); WENDT 2015.

[24] Suet. *Claud.* 25,4 (aufgegriffen von Euseb. *HE* 2,18,9: Ἰουδαίους Ῥώμης ἀπελαύνει Κλαύδιος). Die Korrektheit der Lesart *Chresto* hat BOMAN 2011, bes. 375 f., auf breiter handschriftlicher Grundlage nachgewiesen.

[25] Oros. *hist.* 7,6,15: *anno eiusdem nono expulsos per Claudium Vrbe Iudaeos Iosephus refert. sed me magis Suetonius mouet, qui ait hoc modo: Claudius Iudaeos inpulsore Christo adsidue tumultuantes Roma expulit*. Im erhaltenen Werk des Josephos lässt sich dies allerdings nicht verifizieren. Dazu COOK 2010, 22-25.

[26] Apg 18,2, mit BOTERMANN 1996, 44-49: Paulus traf im Winter 49/50 oder Frühjahr 50 in Korinth ein, wo Priscilla und Aquila sich seit kurzem befanden. LAMPE ²1989, 156-164.

Kontext zuzurechnen, „eine große Verfolgung gegen die Apostel und ihre Schüler" durch die Juden sowie jüdische Aufstandspläne im 8. Herrschaftsjahr des Claudius (48/49).²⁷ Hinzukommt weiteres: Cassius Dio berichtet von früheren Maßnahmen des Claudius – konkret: einem Versammlungsverbot – gegen „Juden, die wieder einmal das Maß überschritten hatten" (τοὺς Ἰουδαίους πλεονάσαντας αὖθις)²⁸ – vermutlich in die erste Hälfte des Jahres 41 zu datieren.²⁹ Dass auch der taciteische Bericht zum Jahr 64 auf die Anhänger des Chrestus zu beziehen sein dürfte, wird durch die handschriftliche Überlieferung im *Codex Mediceus 68 II* (= *Codex Laurentianus Plut. 68,2*, 11. Jh.) nahegelegt, der für Tac. *ann.* 15,44,2 die Lesart *chrestianos* bietet, wohingegen *christianos* lediglich eine ‚Korrektur' zweiter Hand darstellt.³⁰

Chrestiani wurden von den Autoritäten im frühkaiserzeitlichen Rom also als Unruheherd wahrgenommen, als jüdische Gruppe, deren *impulsor* Chrestus für permanenten Aufruhr stand. Dass dieser mit Jesus Christus zu identifizieren ist (was erstmals bei Orosius belegt ist),³¹ kann nach den Untersuchungen von Helga BOTERMANN und John G. COOK nur noch schwer bezweifelt werden;³² insbesondere die Tatsache, dass die von

---

[27] Malal. 10,25 p. 187,5-7 THURN: Τῷ δὲ ὀγδόῳ ἔτει τῆς βασιλείας τοῦ αὐτοῦ Κλαυδίου Καίσαρος διωγμὸν μέγαν ἐποίησαν οἱ Ἰουδαῖοι κατὰ τῶν ἀποστόλων καὶ τῶν μαθητῶν αὐτῶν καὶ τυραννίδα κατὰ Ῥωμαίων ἐμελέτουν. Es ist unklar, ob die Nachricht des Malalas auf Rom zu beziehen ist, da er im Folgenden von Judaea spricht. Sollte der Satz sich auf Judaea beziehen, so könnten die von dem sog. Ägypter herbeigeführten Unruhen den Kontext bilden, vgl. Apg 21,38 (Paulus wurde für den ‚Ägypter' gehalten); Ios. *bell. Iud.* 2,261-263; *ant.* 20,167-172; Euseb. *HE* 2,21. In der auf dem Ur-Malalas basierenden Überlieferung werden der Aufstand des ‚Ägypters' und die Judenvertreibung aus Rom indes getrennt (vgl. Kedren. p. 347,3-8; 347,10 BEKKER), was dafür spricht, dass die Malalas-Nachricht sich auf den stadtrömischen Kontext bezieht (und im Urtext unabhängig davon auf den Aufstand eingegangen wurde).

[28] Cass. Dio 60,6,6.

[29] Vgl. BOTERMANN 1996, 104-107; COOK 2010, 25-27; SHAW 2015, 84, Anm. 53.

[30] FUCHS 1950, 69-74; HANSLIK 1963, 100 f.; KOESTERMANN 1967, 457; 1968, 253 f. Vgl. auch E. KOESTERMANN (Ed.), Cornelii Taciti Libri qui Supersunt, Tom. 1: Ab Excessu Divi Augusti, Leipzig ³1971, 356, App. z. St.

[31] Oros. *hist.* 7,6,15-16.

[32] Vgl. BOTERMANN 1996, 57-102 (die 101 auch nachweist, dass *impulsor* sich keineswegs auf aktuell anwesende Personen beziehen muss); COOK 2010, 15-22, bes. 19: „I think the preponderance of evidence is that Suetonius intended to refer to Jesus Christ

Claudius aus Rom vertriebenen Juden Aquila und Priscilla sich zu Christus bekannten, spricht gewichtig für diese Gleichsetzung. Es war dann wohl die weite Verbreitung des Namens Chrestus, die Suetons Gewährsleute dazu veranlasst haben könnte, den unbekannteren Namen Christus entsprechend zu ändern bzw. anzugleichen.[33]

Eine eigenständige, von den Juden zu separierende Gruppierung können die römischen Autoritäten in den *Chrestiani* indes noch nicht erkannt haben. Denn die Römer besaßen, wie SHAW zu Recht anmerkt, auch in den 60er Jahren des 1. Jahrhunderts noch keinen präzisen Begriff für das neuartige Phänomen – keine Bezeichnung und damit auch keine konkrete Vorstellung.[34] Im Lateinischen stehen Wortbildungen mit dem Suffix *-(i)anus* im politischen Raum für Abhängigkeiten von anderen Personen bzw. entschlossene Anhängerschaften sowie politische Parteinahmen:[35] *Caesariani* wurden die Anhänger Caesars genannt, *Pompeiani* jene des Pompeius. Die Claqueure, die Nero bei seinen Auftritten begleiteten, hie-

---

and not to an unknown troublemaker by the name of ‚*Chrestus*' whom he would have specified with *quodam* (a certain Chrestus)"; zuletzt auch POLLINI 2017, 223. Demgegenüber haben neben anderen (vgl. die Forschungsdiskussion bei BOTERMANN 1996, 57-71; 72-87) etwa KOESTERMANN 1967; GRUEN 2002, 39; LUND 2008, 256, Anm. 16, und BOMAN 2011 einen Zusammenhang zwischen Chrestus und den Christen infrage gestellt.

[33] So die Vermutung von VAN DER LANS / BREMMER 2017, 321.

[34] SHAW 2015, 87-89, mit dem Fazit 89: „It, therefore, seems improbable that the persons who were executed by Nero were a specific social group whom the mass of the common people of Rome knew well enough to call Christians or *Chrestianoi*; ähnlich bereits MALITZ 1999, 73: „Für die meisten Beobachter werden die Christen damals als jüdische Sekte gegolten haben, die sich im großen und ganzen ähnlich verhielt wie die Juden Roms". Das Material zur Wortgeschichte von Χριστιανοί/*Christiani* haben jüngst VAN DER LANS / BREMMER 2017, 317-322, noch einmal aufgearbeitet; vgl. auch TAYLOR 1994; BOTERMANN 1996, 142-177; NODET 2014.

[35] BICKERMAN 1949, 116-124, bes. 118 („All these Greek terms, formed with the Latin suffix *-ianus*, exactly as the Latin words of the same derivation, belong to the person to whose name the suffix is added"); PETERSON 1982; SCHMITT 2011, 523 f. Das im Suffix *-(i)anus* zum Ausdruck kommende Abhängigkeitsverhältnis war ursprünglich vermutlich mit Freiheitsverlust konnotiert, weshalb Wortbildungen auf *-(i)anus* wohl zunächst in polemischer Absicht erfolgten. Die Abhängigkeit konnte bald aber auch im Sinne einer entschlossenen Anhängerschaft verstanden werden, so dass *-(i)anus* auf als Selbstbezeichnung gebraucht werden konnte.

ßen *Augustiani* („Anhänger des Augustus").[36] Die Termini *Chrestiani* bzw. *Christiani* dürften – als Fremdzuschreibungen – somit zunächst einmal lediglich die Zugehörigkeit zu einem Chrestus/Christus, einem zum Tode verurteilten politischen Aufrührer, bezeichnet haben.[37] Da sich das Christentum in den ersten Dekaden vorwiegend im römischen Osten ausbreitete, ist davon auszugehen, dass auch dort die entsprechende Wortbildung entstand, zunächst auf Griechisch (Χριστιανοί/Χρηστιανοί – η und ι waren in der Aussprache nicht unterscheidbar),[38] danach ins Lateinische diffundierend. Es ist weiterhin anzunehmen, dass dieser politisch aufgeladene Begriff sich in Kontexten ausbildete, in denen die neuartige Bewegung mit römischen Autoritäten konfrontiert und ein Terminus zu ihrer Erfassung erforderlich wurde, d. h. vorwiegend in Anhörungen oder Gerichtsverfahren gegen Anhänger des verurteilten Aufrührers vor römischen Amtsträgern.[39] So soll Herodes Agrippa II., nachdem Paulus ihm um das Jahr 59 seinen Glauben auseinandergesetzt hatte, bereits den Terminus ‚Christ' verwendet haben.[40] Doch ist der *Apostelgeschichte* klar zu entnehmen, dass der Missionar damals nicht als Χριστιανός angeklagt wurde, sondern als „Nazoräer".[41] Demzufolge hatte sich die Bezeichnung

---

[36] Suet. *Nero* 25,1; Cass. Dio 61,20,4-5.

[37] Vgl. VITTINGHOFF 1984; LUND 2008, 255; SCHMITT 2011, 524: „Der Name *Christiani* muss wie ‚Christus-Armee-Fraktion' geklungen haben. Er bezeichnete politische Verbrecher oder Terroristen, die sich auf einen *Christus* beriefen".

[38] So bereits Tert. *apol.* 3,5. Vgl. dazu BOTERMANN 1996, 90-95.

[39] So auch SHAW 2015, 87: „The logical context that suggests itself is the need for a formal Latin-form term in Greek that would be useful in an official context, and the one that logically suggests itself is for use in designating 'bad persons' before the tribunals of Roman governors". Ähnlich VAN DER LANS / BREMMER 2017, 322: „From this survey it can be concluded that the name Christian was a designation invented by the Roman authorities, which only gradually was taken over by the Christians themselves"; SCHNELLE 2019, 73 f., mit Anm. 8.

[40] Apg 26,28: ὁ δὲ Ἀγρίππας πρὸς τὸν Παῦλον· ἐν ὀλίγῳ με πείθεις Χριστιανὸν γενέσθαι.

[41] Apg 24,5: πρωτοστάτης τῆς τῶν Ναζωραίων αἱρέσεως. Vgl. noch Tert. *Marc.* 4,8,1 *(Nazaraeus uocari habebat secundum prophetiam Christus creatoris. Vnde et ipso nomine nos Iudaei Nazarenos appellant per eum)*; Euseb. *Onomast.* p. 138,24-25 KLOSTERMANN. Kritisch zu diesem Argument allerdings JONES, 2017, 149 („But this does not show that 'Nazorean' was the only possible word to designate Christians, and that 'Christian' had not yet come into existence"). LUOMANEN 2005, zum Begriff „Nazoräer/Nazarener"; s. auch MIMOUNI 2014.

„Christen" zu diesem Zeitpunkt auf der römischen Seite[42] noch nicht durchgesetzt – oder anders gesagt: Was *Chrestiani/Christiani* waren, konnten römische Autoritäten damals noch nicht wissen.[43]

---

[42] Wenn in der *Apostelgeschichte* behauptet wird, dass erstmals die Mitglieder der jungen antiochenischen Gemeinde als Χριστιανοί angesprochen worden seien (Apg 11,26 [χρηματίσαι τε πρῶτον ἐν Ἀντιοχείᾳ τοὺς μαθητὰς Χριστιανούς], vgl. LEPPIN 2018, 58: „Sie wurden zum ersten Mal öffentlich als Christianer bekannt"), so könnte sich darin eine Parallelentwicklung auf christlicher Seite niedergeschlagen haben. Freilich wurde dieses Zeugnis aus der Retrospektive verfasst, als sich der Christenbegriff bereits etabliert hatte; unklar ist zudem, ob es im Sinne einer Selbstbezeichnung zu verstehen ist (vgl. die gegensätzlichen Ansichten von BICKERMAN 1949, 115 [eine nach außen gerichtete Selbstbezeichnung der Christen] und PETERSON 1982, 69-75 [Fremdbezeichnung durch die römischen Behörden]; BOTERMANN 1996, 146, argumentiert im Sinne einer Selbstbezeichnung; TAYLOR 1994; TREBILCO 2012, 272-297; JONES 2017, 149; VAN DER LANS / BREMMER 2017, 320; SCHNELLE 2019, 72, tendieren im Lichte jüngerer Papyrus- und Inschriftenfunde zu PETERSONS Sichtweise). Für den Wortgebrauch im frühkaiserzeitlichen Rom besitzt das Zeugnis keine Aussagekraft. Zur Problematik vgl. TAYLOR 1994; TREBILCO 2012, 276-278; SHAW 2015, 87, mit Anm. 71 („And even if the contemporaneity of the reference could be guaranteed, which it cannot, the use of the term still appears to be highly localized and internal to the community itself"). Gleiches gilt für 1 Petr 4,15-16, dessen Datierung kaum vor 90 n. Chr. möglich ist (vgl. VAHRENHORST 2016, 37-51, bes. 50 f.: „[...] die späteren Jahrzehnte des 1. Jahrhunderts bzw. [...] Anfang des 2. Jahrhunderts [...]. [...] ein Zeitfenster von etwa 40 Jahren ab dem achten Jahrzehnt des 1. Jahrhunderts [...]), wo aber möglicherweise „der Übergang von der Fremd- zur Selbstbezeichnung" ansichtig wird (LEPPIN 2018, 58; vgl. auch HORRELL 2007), für das sog. *Testimonium Flavianum* (Ios. ant. 18,64; vgl. 20,200), dessen Echtheit bezweifelt wird und das sich ohnehin nicht vor Anfang der 90er Jahre des 1. Jh. datieren lässt (vgl. als Überblick HORN 2007; TREBILCO 2012, 274 f.), sowie für *Didache* 12,4, die um 100 anzusetzen ist. Regelmäßig erscheint die Bezeichnung „Christen" als Selbstbezeichnung erst in den Schriften des Ignatios von Antiocheia (2. Jh.), vgl. HARTMANN 2013, 140-163; VAN DER LANS / BREMMER 2017, 318 („In short, the term ‚Christian' as an insider designation took off slowly and did not become more widely used before the second half of the second century"); LEPPIN 2018, 59 („Er ist der Erste, der das Wortpaar *Christianismós* und *Ioudaismós* gebraucht – wenngleich nicht im Sinne von ‚Christentum' und ‚Judentum'. Die Begriffe bezeichneten vielmehr bestimmte Lebensweisen unter christlichen oder jüdischen Vorzeichen, unter welchen die christliche ihm einfach als die richtige galt"); SCHNELLE 2019, 72 f.

[43] NIEHOFF 2020 hat erwägenswerte Argumente dafür angeführt, den *Römerbrief* des Paulus, der in den 50er Jahren in Korinth verfasst wurde (vgl. SCHREIBER 2013, 165: Frühjahr 56), als Versuch des Apostels zu deuten, sich gezielt in innerrömische Diskurse einzuschreiben. Diese plausibel erscheinende These verdient, in der Forschung

Das war im frühen 2. Jahrhundert freilich anders. Sowohl Tacitus als auch Sueton und Plinius kennen den Terminus *Christiani*,[44] doch scheint das damit bezeichnete Phänomen damals zumindest in senatorischen Milieus noch erklärungsbedürftig gewesen zu sein. Tacitus merkt ausdrücklich an, dass die breiten Massen von *Chrestiani* sprächen (*vulgus Chrestianos appellabat*),[45] und fühlt sich gemüßigt, seinem senatorischen Publikum daran anschließend kurz zu erklären, dass diese Gruppe auf Christus zurückgehe, der unter Tiberius auf Befehl des Pontius Pilatus hingerichtet worden sei.[46] Aufgrund ihrer „Schandtaten" (*flagitia*) seien die Christen dem Volk (!) verhasst, ihr Kennzeichen sei ein abscheulicher Aberglaube (*exitiabilis superstitio*). Einen solchen attestieren den Christen auch Plinius und Sueton,[47] und es sind Konvergenzen dieser Art, die darauf hinweisen, dass zu Beginn des 2. Jahrhunderts in senatorischen bzw. diesen nahestehenden Milieus intensiver über das Phänomen der Christen nachgedacht wurde.[48]

Für den Zeitpunkt der geschilderten Ereignisse ist die von Tacitus im frühen 2. Jahrhundert verwendete Wortbildung jedenfalls, wie SHAW zu

---

weiterverfolgt zu werden. Geklärt werden müsste dann, welche Reichweite Paulus in Rom jenseits seiner direkten christlichen Ansprechpartner überhaupt hätte erzielen können und inwieweit der *Römerbrief* dadurch zur Auskonturierung der christlichen Gemeinschaft auch bei Außenstehenden beitragen konnte (der fiktive Briefwechsel zwischen Seneca und Paulus belegt immerhin, dass man sich zumindest in der Spätantike durchaus vorstellen konnte, dass Seneca Paulus gelesen hat). Konkrete Belege oder Hinweise dafür, dass er zur Identifikation der Christen als eigenständiger Gruppe von außen beitragen konnte, existieren bisher nicht.

[44] Suet. *Nero* 16,2; Plin. *epist.* 10,96-97. Vgl. allerdings LUND 2008, bes. 261, der vermutet, dass auch Tacitus grundsätzlich noch von Juden sprach, „von denen die Chrestiani/Christiani eine winzige Teilmenge, eine kleine Bande von politischen Unruhestiftern, bildeten".

[45] Tac. *ann.* 15,44,2: *[...] quos per flagitia invisos vulgus Chrestianos appellabat.*

[46] Tac. *ann.* 15,44,3: *auctor nominis eius Christus Tiberio imperitante per procuratorem Pontium Pilatum supplicio adfectus erat.* Mit der Bezeichnung *procurator* nimmt Tacitus eine an den Verhältnissen seiner eigenen Zeit orientierte Modernisierung vor; tatsächlich führte Pontius Pilatus den Titel *praefectus Iudaeae*.

[47] Vgl. Plin. *epist.* 10,96,2 (*flagitia*); 10,96,8 (*superstitio prava immodica*); 10,96,9 (*superstitionis istius contagio*); Suet. *Nero* 16,2 (*Christiani, genus hominum superstitionis nouae ac maleficae*).

[48] SHAW 2015, 89 f.

Recht folgert, anachronistisch.[49] Das bedeutet freilich nicht, dass auch das Geschehen als solches infrage zu stellen wäre:[50] Selbstverständlich hat Nero gewisse Personen verfolgt und grausam hinrichten lassen; doch dürfte er selbst sich kaum der Tatsache bewusst gewesen sein, dass er damit keine jüdische Gruppe attackiert hatte, sondern eine Bewegung, die gerade im Begriff war, sich von den Juden zu lösen.[51]

Wie bereits angedeutet, war Nero nicht der erste Kaiser, der gegen Anhänger des Chrestus/Christus vorgegangen ist. Schon Claudius hatte im Jahr 49/50 Juden, die sich auf Chrestus beriefen, aus Rom verjagen lassen (s. o.). Damit hatte er Regelungen, die er bereits kurz nach seinem Herrschaftsantritt im Jahr 41 festgelegt hatte, noch einmal zusätzlich verschärft; denn damals hatte er aus Rücksicht auf die große Anzahl an Juden in Rom zunächst ‚nur' ein Versammlungsverbot verhängt.[52] Was aber war der Auslöser für diese Maßnahme?

In der Forschung wurde vereinzelt, aber m. E. wohl zu Recht, auf eine eigentümliche Formulierung in Dios Bericht zum Jahr 41 verwiesen, die zumeist überlesen wird: Der Kaiser habe den Juden befohlen (ἐκέλευσε), sich nicht mehr zu versammeln (μὴ συναθροίζεσθαι), *wobei sie ihre*

---

[49] SHAW 2015, 87 („a manifest anachronism"). Anders etwa noch VITTINGHOFF 1984, 339; BOTERMANN 1996, 142 f., die aus Tac. *ann.* 15,44,2 allerdings schließt, dass im Jahr 64 die Bezeichnung *chrestiani* von römischen Behörden angewandt worden sei; im Sinne der älteren Position auch noch TOBIN 2004, 35 („[…] by the mid-60s ‚Christians' were perceived by the emperor and the public alike as a separate group with no connection to the Jewish community of Rome. They even had their own name. There is not the slightest hint that Nero confused these Roman Christians with Roman Jews"); HORRELL 2007, 366; GREEN 2010, 51; TREBILCO 2012, 273; FRENSCHKOWSKI 2013, 868; KOCH ²2014, 465.

[50] So auch VAN DER LANS / BREMMER 2017, 302: „Does Tacitus' anachronistic use of the term *Chrestiani* for a group that was supposedly not sufficiently distinctive yet to be blamed for the Fire make the persecution historically implausible?".

[51] Mitunter trifft man auf das Argument, Nero sei durch Tigellinus und den Astrologen Balbillus (zu ihm s. Suet. *Nero* 36) auf die Christen aufmerksam gemacht worden (GRAY-FOW 1998, 615; FIEDROWICZ 2016, 254; MERKER 2019, 89 f.). Das aber ist reine Spekulation, die durch die Quellen nicht gedeckt wird.

[52] Cass. Dio 60,6,6: τοὺς δὲ Ἰουδαίους πλεονάσαντας αὖθις, ὥστε χαλεπῶς ἂν ἄνευ ταραχῆς ὑπὸ τοῦ ὄχλου σφῶν τῆς πόλεως εἰρχθῆναι, οὐκ ἐξήλασε μέν, τῷ δὲ δὴ πατρίῳ βίῳ χρωμένους ἐκέλευσε μὴ συναθροίζεσθαι. Dazu BOTERMANN 1996, 114.

ererbte Lebensweise beibehalten sollten (πατρίῳ βίῳ χρωμένους). Diese galt also in irgendeiner Weise als bedroht – und dies, wie Helga BOTERMANN herausgearbeitet hat, keineswegs durch äußere Bedrängnis (wie im Fall der gleichzeitigen Unruhen zu Alexandreia, s. u.), sondern von innen; ansonsten hätte man den Juden nicht die Beibehaltung ihrer Lebensweise anbefehlen können, sondern sie gegen äußere Aggressoren unterstützen müssen. Der *pátrios bíos* der Juden drohte also unterlaufen zu werden, und es ist naheliegend, dies mit den Umtrieben der Chrestus/Christus-Leute in Verbindung zu bringen.[53] Ihr Wirken, d. h. ihre Missionstätigkeit durch Verkündigung des menschgewordenen Messias, hatte Unruhe gestiftet, in einem Ausmaß, dass Nachrichten darüber immerhin bis zum Kaiser vorgedrungen waren und Gegenmaßnahmen evozierten.[54] Dass die Predigten der frühen Christen in der Tat zu heftigen Reaktionen im Umfeld der Synagogen führen konnten, wissen wir aus der *Apostelgeschichte* und dem paulinischen Corpus;[55] noch Tertullian und Justinus Martyr halten fest, dass Christenverfolgungen von den Synagogen ausgegangen seien.[56]

Doch konnten allein diese im 1. Jahrhundert noch sehr begrenzten Konflikte hinreichen, um die kaiserliche Regierung zum Handeln zu bewegen? Angesichts der geringen Anzahl von Christen, mit denen man trotz Tacitus' übertreibender Rede von der *multitudo ingens* in den 40er-60er Jahren des 1. Jahrhunderts in Rom wohl rechnen muss,[57] erscheint dies eher unwahrscheinlich. Als *assidue tumultuantes* (Sueton) bzw. Auslöser von ταραχή (Cassius Dio), als gravierendes Unruhepotential also, dürften sie jedenfalls kaum in das Blickfeld römischer Amtsträger geraten sein – es sei denn, man hätte diese gezielt auf die Christusanhänger auf-

---

[53] So auch SCHNELLE 2019, 22 f.
[54] Zu dieser Interpretation s. BOTERMANN 1996, 130 f.; SCHNELLE 2019, 23 f.
[55] Vgl. Apg 6,8-15; 12,1-5; 13,50; 14,5-6; 14,19; 17,5-9; 18,12-17; 2 Kor 11,24-25; 1 Thess 2,2; 2,15-16. VITTINGHOFF 1984, 340; LAMPE ²1989, 6; POLLINI 2017, 225; 227; 229; SCHNELLE 2019, 57-64, bes. 61: „Paulus (und seine Mitarbeiter) waren wiederholt massiven Attacken der Synagoge, der lokalen Bevölkerung und Gerichtsbarkeit ausgesetzt".
[56] Just. *dial.* 16,4; 17,1; 17,3; *1 apol.* 31,6; Tert. *Scorp.* 10.
[57] Tac. *ann.* 15,44,4. Versuch einer Gesamtkalkulation für das Römische Reich: HOPKINS 1998.

merksam gemacht.[58] Vor diesem Hintergrund erscheint wiederum aufschlussreich, dass Paulus und seine Getreuen von jüdischer Seite exakt mit jenen Vorwürfen konfrontiert wurden, die Sueton und Cassius Dio für den stadtrömischen Kontext referieren: In Thessalonike etwa wurde ihnen vorgehalten, sie versetzten den Erdkreis in Aufruhr (οἱ τὴν οἰκουμένην ἀναστατώσαντες) und stifteten Durcheinander (ἐτάραξαν [...]),[59] und in Kaisareia diffamierte man den Apostel vor dem Statthalter als „Seuche und Provokateur von Aufruhr" (λοιμὸν καὶ κινοῦντα στάσεις)[60] – gerade letzteres aber ließ römische Amtsträger hellhörig werden. Es ist leicht vorstellbar, dass in derselben Weise, wie Paulus in Kaisareia vor dem *procurator* M. Antonius Felix angeklagt wurde, auch in Rom Christusanhänger durch ihre Gegner im Judentum des Aufruhrs und der Unruhestiftung bezichtigt und vor die Amtsträger, möglicherweise sogar vor den Kaiser gezerrt worden sind. Man muss dafür nicht, wie es in der Vergangenheit geschehen ist, auf mögliche enge Kontakte der Kaiserin Poppaea Sabina zu einzelnen Juden verweisen und damit finstere Einflüsterungen aus dem Hintergrund suggerieren, die letztlich nur antisemitischen Vorurteilen Vorschub leisten.[61] Die Anklagen können ganz regulär vorgetragen worden sein. Die Juden zu Rom jedenfalls werden sehr wohl darüber

---

[58] In diesem Sinne auch BOTERMANN 1996, 131: „Es ist klar, daß das Motiv des kaiserlichen Eingreifens nicht die Sorge um die überkommene jüdische Religion war, sondern die Belange von Ruhe und Ordnung. Alles, was Unruhe verursachte, zumal wenn es neu war und die Tradition bedrohte, war verdächtig. Unklar ist, wie die kaiserliche Administration überhaupt auf die Vorgänge aufmerksam geworden ist. Die Streitigkeiten sind ja vermutlich nicht auf der Straße, sondern in einer Synagoge ausgetragen worden. Es ist deshalb am ehesten davon auszugehen, daß der Anstoß von jüdischer Seite erfolgte".

[59] Apg 17,6; 17,8.

[60] Apg 24,5.

[61] Poppaeas angebliche Nähe zum Judentum und den Juden wird aus kurzen Bemerkungen des Josephos erschlossen, der zwei Gelegenheiten beschreibt, zu denen die Kaiserin zugunsten der Juden intervenierte: Im ersten Fall bewirkte sie in einem Streit zwischen dem römischen Klientelkönig M. Iulius Agrippa II. und dem Statthalter von Judaea, Porcius Festus (60-62), auf der einen Seite sowie den hochrangigen Juden Jerusalems auf der anderen eine Entscheidung Neros im Sinne der jüdischen Delegation (Ios. *ant.* 20,189-196). Im anderen Fall erwirkte sie im Jahr 64 die von Josephos persönlich beantragte Freilassung jüdischer Priester, die Antonius Felix in Ketten nach

orientiert gewesen sein, welche Gefahr für sie von der neuen Bewegung ausging, und dürften dementsprechend beim Kaiser Schutz in Gestalt zielgerichteter Maßnahmen eingefordert haben.

Dass die erste dieser Anklagen ausgerechnet im Jahr 41 fassbar wird, dürfte keinen Zufall darstellen. Denn der *princeps* Claudius, seit dem 25. Januar 41 als Nachfolger Caligulas Herrscher über das *Imperium Romanum*, wurde direkt nach seiner Thronbesteigung mit schweren Erschütterungen unter den Juden konfrontiert: In Alexandreia war es im Jahr 38 zu bürgerkriegsähnlichen Ausschreitungen zwischen den griechisch-ägyptischen und den jüdischen Bevölkerungsteilen gekommen.[62] Aulus Avilius Flaccus, der damalige *praefectus Aegypti*, hatte dabei nicht nur schwere Pogrome gegen die Juden toleriert, sondern diese zudem zu Fremden in der Stadt erklären lassen; Herodes Agrippa I., der im August 38 auf der Durchreise nach Judaea in Alexandria angelandet war, hatte antijüdische Beleidigungen über sich ergehen lassen müssen; griechische Bevölkerungsteile hatten Kaiserbilder in den Synagogen aufgestellt, um die römischen Amtsträger für ihre Sache zu gewinnen, Juden waren misshandelt und gelyncht worden.[63] Die alexandrinischen Juden hatten daraufhin eine an Caligula gerichtete Gesandtschaft unter Leitung des Gelehrten Philon auf den Weg gebracht; mit ihr konkurrierte eine Gegendelegation der Griechen unter Leitung des Grammatikers Apion, der in Rom wild gegen das Judentum agitierte.[64] Noch während die Debatte um die Pogrome zu Alexandreia in Rom ausgefochten wurde, brachen, wohl um die Mitte des

---

Rom hatte verbringen lassen, und entließ ihn mit reichen Geschenken in die Heimat (Ios. *Vita* 16). Aus diesen Andeutungen wurde geschlossen, dass Poppaea – ebenfalls im Sinne der Juden – Nero auch zum Vorgehen gegen die Christen bewogen haben soll, vgl. etwa SMALLWOOD 1959, 333 f.; HANSLIK 1963, 99 f.; FREND 1965, 164 f.; GRAY-FOW 1998, 606; POLLINI 2017, 234; ablehnend HOLZTRATTNER 1995, 20 f.; GRIFFIN 1984, 133, erwähnt die Poppaea-These, lässt sie aber unkommentiert. Zum Verhältnis Poppaeas zum Judentum s. SMALLWOOD 1959; WILLIAMS 1988; COOK 2010, 44 f.; GRÜLL / BENKE 2011.

[62] Zu den Ereignissen vgl. BERGMANN / HOFFMANN 1987; BARCLAY 1996, 48-71; GRUEN 2002, 54-83; CLAUSS 2003, 155-159; BRINGMANN 2005, 218-225; GREEN 2010, 8 f.

[63] Philo *legat*. 119-139; *Flacc*. 53-57.

[64] Vgl. MONTANARI 1996 sowie BRINGMANN 2005, 219: „intellektueller Wortführer des alexandrinischen Antijudaismus".

Jahres 40, auch in Judaea Tumulte aus, in deren Verlauf Juden in Jamneia einen Kaiserkult-Altar niederrissen, der freilich eigens zu ihrer Provokation errichtet worden war.[65] Caligula reagierte nun in aller Härte und forderte von der jüdischen Bevölkerung den höchstmöglichen Loyalitätserweis ein,[66] indem er seine Absicht verkündete, im Jerusalemer Tempel eine Kaiserstatue errichten zu lassen.[67] Damit zog er eine gewaltige Empörungswelle auf sich; auch Philon erklärte den Kaiser nun explizit für „verrückt".[68] Juden standen also massiv unter Druck, als Claudius den Thron bestieg, und die Konflikte wurden vor allem zu Rom im Umfeld der Kaiser ausgetragen.

Claudius verzichtete auf die Errichtung der Kaiserstatue im Jerusalemer Tempel. Die alexandrinischen Probleme versuchte er in einem an den *praefectus Aegypti* L. Aemilius Rectus gerichteten Sendschreiben vom 10. November 41 zu lösen, in dem er den Juden zwar weiterhin jene Rechte gewährte, die sie seit Augustus besaßen, gleichzeitig jedoch auch deutliche Warnungen aussprach:[69] Während der Kaiser die griechischen Bevölkerungsteile „beschwor" (διαμαρτύρομε), die Juden, die schon seit langen Zeiten die Stadt bewohnten, nicht weiter zu beeinträchtigen, „befahl" (κελεύωι) er Letzteren, sich mit den bereits gewährten Rechten zufrieden zu geben; sie sollten hinkünftig keine eigenen Gesandtschaften mehr auf den Weg bringen, sich nicht in die städtischen Spiele einmischen und ihre Gemeinde nicht durch weiteren Zuzug aus Syrien oder Ägypten noch verstärken (μηδὲ ἐπάγεσθαι ἢ προσείεσθαι ἀπὸ Συρίας ἢ Αἰγύπ<τ>ου

---

[65] Philo *legat.* 200-202; Ios. *bell. Iud.* 2,184-203; *ant.* 18,261-309. THEISSEN 1989, 149-161; BRINGMANN 2005, 225.

[66] So die plausible Deutung des Geschehens von WINTERLING 2003, 147 f.

[67] Philo *legat.* 203; 207-348. BRINGMANN 2005, 225 f.

[68] Philo *legat.* 76; 93.

[69] CPJ II (1960), Nr. 153 (S. 36-55); E. M. SMALLWOOD, Documents Illustrating the Principates of Gaius, Claudius and Nero, Cambridge 1967, Nr. 370 (S. 99-102). GRUEN 2002, 79 f., stellt die übliche Lesart des Papyrus infrage, derzufolge die Sympathien des Kaisers bei den Griechen und nicht den Juden Alexandreias lagen. – Eine literarische Variante des Claudius-Ediktes bietet Ios. *ant.* 19,280-285; dieser Text zeichnet das Verhältnis des Kaisers zu den Juden deutlich positiver, dürfte aber harmonisierend aus dem Originalbrief, der auf Papyrus vorliegt, herausgesponnen worden sein, vgl. BOTERMANN 1996, 111.

καταπλέοντας Ἰουδαίους) – bezog sich letzteres möglicherweise auf das Einsickern von Christus-Anhängern, deren Predigten Unruhen in der jüdischen Gemeinde auslösten?[70] Dies erscheint zumindest als plausible Interpretation, doch lässt sich die Frage leider nicht beantworten. Der Kaiser jedenfalls schloss mit einer Warnung: Sollten sich die Juden nicht an die Weisungen halten, werde er gegen sie vorgehen wie gegen Leute, die eine allgemeine Krankheit der Oikoumene erregen (καθάπερ κοινὴν τεινα τῆς οἰκουμένης νόσον ἐξεγείροντας).

Als Claudius diese Antwort für die Alexandriner formulierte, dürfte sich die Philon-Gesandtschaft noch in Rom befunden haben.[71] Mit dem Resultat ihrer Bemühungen kann sie nicht zufrieden gewesen sein, insbesondere nicht mit Claudius' Drohung, möglicherweise gegen Juden wie gegen „Krankheitserreger" vorzugehen. Im Interesse der Juden muss damals vielmehr die Herausstellung der eigenen Friedfertigkeit und Loyalität gestanden haben. Als „Krankheit" hingegen erschienen ihnen die Unruhestifter im Umfeld ihrer Synagogen – Leute wie Paulus also, eine „Seuche und ein Provokateur von Aufruhr" (λοιμὸν καὶ κινοῦντα στάσεις, s. o.),[72] möglicherweise auch jene aus Syrien und Ägypten zugewanderten Personen, die im Edikt erwähnt werden. Was lag in dieser Situation näher, als den Kaiser explizit auf die neue Christus-Bewegung aufmerksam zu machen, sich scharf von ihr zu distanzieren und zu verdeutlichen, dass allein diese den eigentlichen Unruheherd darstellte, während die Juden selbstverständlich ihre traditionelle Lebensweise beibehalten wollten, zu deren Tolerierung der Kaiser die nichtjüdischen Alexandriner ja auch explizit aufgerufen hatte (ἀλλὰ ἐῶσιν αὐτοὺς τοῖς ἔθεσιν χρῆσθαι)?

Der Erfolg dieser Strategie war offenbar bescheiden: Claudius und seine Berater scheinen den Konflikt zwischen Juden und Christen weiterhin als innerjüdisches Problem um vereinzelte Sektierer wahrgenom-

---

[70] So die bedenkenswerte Vermutung von TAYLOR 1994, 88. Skeptisch hingegen DIBELIUS 1971, 77.
[71] Vgl. SCHWARTZ 2009, 10; NIEHOFF 2019, 5.
[72] DIBELIUS 1971, 78, zufolge bedeutet die gleichzeitige Verwendung des Krankheitsmotivs in beiden Zusammenhängen freilich „gar nichts". Es geht dabei allerdings auch nicht um bewusste Übernahmen oder Anspielungen, sondern um einen gemeinsamen Vorstellungshorizont.

men zu haben, und so rief man diese lediglich zur Beibehaltung des jüdischen *pátrios bíos* auf und verhängte ein Versammlungsverbot (s. o.).[73] Erst als im Jahr 49 möglicherweise ein weiterer Vorstoß von jüdischer Seite aus erfolgte[74] und man noch einmal dezidiert auf das aufrührerische Potential der neuen Bewegung hinwies (*assidue tumultuantes*), scheint der Kaiser reagiert zu haben, indem er schlicht die schwächere Gruppe verbannte, um dadurch innerhalb der jüdischen Gemeinde vorerst Ruhe zu schaffen.

Nun mag man darüber spekulieren, wer konkret im Jahr 41 die kaiserliche Aufmerksamkeit auf die Chrestus-Anhänger in Rom gerichtet hat. Helga BOTERMANN vermutete Herodes Agrippa I., da gerade Angehörige der jüdischen Oberschicht ein besonderes Interesse an einvernehmlichen Beziehungen zu römischen Autoritäten besessen hätten; denkbar wäre für sie aber auch „jemand[...] aus seiner Umgebung".[75] Dazu zählten ohne Zweifel auch Philon[76] und die übrigen Mitglieder der jüdischen Gesandtschaft aus Alexandreia. Maren NIEHOFF hat klar herausgearbeitet, wie geschickt Philon sich während seines Aufenthalts am Tiber innerhalb der Oberschicht der *Urbs* vernetzt haben muss und wie sein Auftrag „ihn in römische Politik und römische Diskurse hinein[zog]".[77] Sein Bruder, der Alabarch Tiberius Iulius Alexander, besaß beste Verbindungen bis in die höchsten Kreise[78] – Josephos nennt ihn gar einen „alten Freund" (φίλον ἀρχαῖον) des Claudius.[79] Alexanders gleichnamiger Sohn, in jungen Jahren vermutlich einer der Begleiter Philons in Rom,[80] stieg später in höchste Ämter auf.[81] Auch Seneca, der Teile seiner

---

73 Vgl. BOTERMANN 1996, 131 f.
74 Auch im Jahr 49 kann die christliche Gemeinde in Rom noch nicht groß genug gewesen sein, dass von ihr ausgehende Unruhen unter den Juden größere Sichtbarkeit für römische Amtsträger erlangt haben könnten. Wenn ihnen nun dennoch vorgeworfen wird, sie verhielten sich *assidue tumultuantes*, so kann dies nur auf Vorwürfe ihrer direkten Gegner, d. h. Angehöriger der jüdischen Gemeinde, zurückgehen.
75 BOTERMANN 1996, 132.
76 Vgl. NIEHOFF 2019, 35.
77 NIEHOFF 2019, bes. 1-53, das Zitat 12.
78 Vgl. NIEHOFF 2019, 34.
79 Ios. *ant.* 19,276.
80 NIEHOFF 2019, 7.
81 Vgl. BRINGMANN 2005, 222.

Jugend in Alexandreia verbracht hatte, dürfte zu Philons Netzwerk in Rom gehört haben.[82]

Ich halte es daher nicht für ausgeschlossen, dass die an Claudius gerichteten Hinweise, den Umtrieben der Chrestus-Leute nachzugehen, aus dem Kreis der Philon-Delegation oder deren Umfeld kamen; sie dienten dazu, den erheblichen politischen Druck, der im Jahr 41 auf den Juden lastete, in Richtung einer Gruppe zu kanalisieren, die ihnen ohnehin suspekt und bedrohlich erschien. Die Philon-Gesandtschaft hätte jedenfalls sowohl ein religiöses wie auch politisches Interesse an einer entsprechenden Anzeige gehabt.[83]

Es dürften dieselben Chrestus/Christus-Anhänger gewesen sein, die unter Nero erneut das kaiserliche Interesse auf sich zogen. Ob dafür eine neuerliche Anzeige aus der jüdischen Gemeinde erforderlich war – Meliton von Sardeis (bei Eusebios) behauptet immerhin vielsagend, der Kaiser habe mit seiner Verfolgung auf böswillige Denunziationen reagiert[84] – oder ob vielleicht auch Antonius Felix, der *procurator* von Judaea, nach seiner Rückkehr entsprechend agitiert hatte, um mögliche Anklagen ob seiner despotischen Amtsführung vorzubeugen,[85] bleibt dabei unerheblich. Vielleicht erinnerte man sich in Neros Umgebung auch schlicht an

---

[82] NIEHOFF 2019, 21 („ziemlich wahrscheinlich").

[83] Nicht unerwähnt bleiben soll, dass Commodian. *apol.* 825-864 zur neronischen Verfolgung anmerkt, Juden hätten vor dem römischen Senat ausdrücklich um ein Vorgehen gegen die Christen gebeten. Hier ist freilich antijüdische Polemik in Rechnung zu stellen, so dass der Aussagewert dieses Zeugnisses – KIENAST 1994, 430, zufolge eine „abenteuerliche Version" – höchst beschränkt bleibt.

[84] Euseb. *HE* 4,26,9. Vgl. aber auch KIENAST 1994, 430, der Anzeigen seitens der Juden als Hintergrund für die neronische Christenverfolgung für ausgeschlossen hält. Dagegen SCHNELLE 2019, 29: „Spätestens mit der neronischen Verfolgung war aus jüdischer Perspektive klar: Sie mussten alles daransetzen, nicht mit dieser traditions- und kulturfeindlichen, geheimnisumwitterten Gruppe der Christen identifiziert zu werden, denn dann würden sie ihre Privilegien und Gewohnheitsrechte gefährden. Zumal gegen die Christen Vorwürfe erhoben wurden, die von römischer Seite auch gegenüber dem Judentum gemacht wurden". Schon MEYER 1923, 502 f.; 505; 508 f., hatte über Anzeigen von jüdischer Seite nachgedacht, sah aber die eigentlichen Ankläger der Christen in der stadtrömischen Bevölkerung.

[85] Vgl. GRAY-FOW 1998, 600.

die Geschehnisse der Jahre 41 und 49/50 zurück.[86] Entscheidend ist, dass auch Nero in Kontinuität zu Claudius noch über keinen eigenen Christenbegriff verfügt haben dürfte und damit sicherlich glaubte, gegen eine jüdische Splittergruppe vorzugehen.

Also tatsächlich keine Christenverfolgung, wie SHAW postuliert?

---

[86] KERESZTES 1984, 410 f., vermutet, dass die Missionstätigkeit der Apostel Petrus und Paulus in Rom Konflikte zwischen Juden und Christen ausgelöst haben könnten, die Nero zu seinen Maßnahmen veranlassten.

III. Der Brand Roms und die Christenverfolgung

Da die Betroffenen bereits durchaus eine kollektive Identität besaßen – dokumentiert nicht zuletzt in Paulus' *Römerbrief*[87] –, war ihre Sichtweise sicherlich eine andere – doch lässt sie sich nicht mehr rekonstruieren. Immer wieder wurde in der Forschung versucht, zeitnahe Reaktionen auf die neronische Verfolgung aus christlichen Zeugnissen zu extrapolieren – zuletzt von Birgit VAN DER LANS und Jan BREMMER, die erneut die in diesem Zusammenhang debattierten Texte durchmustert haben.[88] Zumeist lässt sich daraus jedoch nicht viel mehr gewinnen als vage, ambivalente Andeutungen, die zwar kontrovers diskutiert werden, für konkrete historische Fragestellungen aber keinen sicheren Grund bieten. Das gilt etwa für den *Hebräerbrief*,[89] die *Offenbarung des Johannes*,[90] die *Himmelfahrt des Jesaja*,[91] den *1. Petrusbrief*[92] und auch den *Hirten des Hermas*.[93] Ei-

---

[87] TOBIN 2004; NIEHOFF 2020, mit ausführlicher Diskussion und Aufarbeitung der Literatur. JONES 2017, 151, schließt aus der Tatsache, dass der *Römerbrief* eine – in christlicher Perspektive – distinkte Christengemeinde in Rom erkennen lässt, in methodisch m.E. nicht haltbarer Weise, dass auch römische Autoritäten die Christen als eigenständige Gruppe wahrgenommen haben müssten.

[88] VAN DER LANS / BREMMER 2017, 310-315, mit dem allgemein gehaltenen Fazit: „Evidently, knowledge of the persecution was widespread in the Christian world. Given the diverse dates and places of origin of our relevant sources, this variety does not support the idea of an invented tradition". Vgl. auch MAIER 2013, 388-394. Die früheste explizite christliche Erwähnung Neros im Zusammenhang mit einem Vorgehen gegen die Christen findet sich bei Meliton von Sardeis, vgl. Euseb. *HE* 4,26,9; danach vgl. Tert. *apol.* 5,3.

[89] Hebr 10,32-36.

[90] Apk 13,5-8; 13,18, mit GIESEN 1997, 306-308; 315-318; FRENSCHKOWSKI 2013, 860; vgl. auch CHAMPLIN 2003, 18.

[91] *Ascens. Is.* 4,1-22, allgemein auf Nero bezogen, vgl. NORELLI 1994, 183-211; 1995, 237-284; CHAMPLIN 2003, 17 f.; DOCHHORN 2012, bes. 299-306.

[92] 1 Petr 4-5. Vgl. dazu MOLTHAGEN 1995.

[93] *PH vis.* 3,2,1; vgl. BROX 1991, 471-476.

nen Sonderfall stellt freilich der sog. *1. Clemensbrief an die Korinther* dar, den SHAW wohl allzu voreilig unter Hinweis auf die jüngst von Otto ZWIERLEIN vorgenommene Datierung um 125 sowie die zahlreichen Unsicherheiten und Probleme, die sich mit diesem Text verbinden, zu einem späten und daher nicht unabhängigen, ja einem „parasitic" Zeugnis erklärt.[94] Denn in der Datierungsfrage vermag ZWIERLEIN keine überzeugenden Argumente vorzubringen, die eine Revision der zuletzt von Tassilo SCHMITT erneut fundiert begründeten Ansetzung in die Spätzeit Domitians (81-96)[95] erzwingen würden – Erwägungen, die ZWIERLEIN ohnehin ignoriert; insbesondere die von ihm angeführten Parallelen zu verschiedenen Reden des Dion Chrysostomos (namentlich *or.* 40) verweisen eher auf einen allgemeinen Motivfundus, der sich auch in anderen kaiserzeitlichen Erzeugnissen spiegelt, als auf strikte Abhängigkeiten des *1. Clemensbriefes* von Dion und eignen sich daher kaum als Argumente in der Datierungsfrage.[96] Die vielfältigen Forschungsprobleme schließlich, die der *Brief an die Korinther* aufwirft, sollten nicht *a priori* davor abschrecken, sich mit ihm zu befassen.

Unter dem Motto, nunmehr „Kämpfer" (ἀθληταί) der jüngsten Zeit (ἔγγιστα)[97] zu behandeln – Beispiele „aus unserer Generation" (τῆς γενεᾶς ἡμῶν) –, referiert der Verfasser die Martyrien der Apostel Petrus und Paulus.[98] Ihnen sei, so heißt es weiter, „eine große Menge von Er-

---

[94] SHAW 2015, 84 f., bes. 85: „It is best dismissed from serious consideration of this problem as yet another one of the parasitic texts that have come to be attached to the fire and the first persecution under Nero in the assiduous hunt for any possible evidence that might strengthen the general argument".

[95] Vgl. SCHMITT 2001, 1; 117-122. S. auch LINDEMANN 1992, 12 („Die Datierung des 1 Clem ins letzte Jahrzehnt des 1. Jh.s ist in der Forschung jedenfalls weithin anerkannt"); SCHNEIDER 1994, 19 („Als Abfassungszeit […] kommen die Jahre 93-97 in Frage"); LONA 1998, 75-78, bes. 77 („[…] legt sich nahe, für die Datierung das letzte Jahrzehnts des ersten Jahrhunderts anzunehmen").

[96] Das Dion-Argument wird ausführlich entfaltet in ZWIERLEIN ²2010, 320-331; vgl. auch ZWIERLEIN 2011, 453-458 = 2013, 14-20. Gegen ZWIERLEINS Datierungsansatz s. auch die berechtigten Einwände von SCHMITT 2010; auch FRENSCHKOWSKI 2013, 866, möchte einen Ansatz „um 95" beibehalten.

[97] Im Gegensatz zu den in 1 Clem 4 behandelten biblischen Beispielen für Eifersucht (ζῆλος) und Neid (φθόνος), vgl. LINDEMANN 1992, 34-36; LONA 1998, 147-155.

[98] 1 Clem. 5,1-7.

wählten zugesellt [worden] (συνηθροίσθη), die wegen Eifersucht unter vielen Martern und Qualen gelitten haben und zum schönsten Beispiel bei uns geworden sind".[99] Der in unserem Kontext entscheidende Passus schließt sich direkt an:[100]

> Wegen Eifersucht wurden Frauen verfolgt, die als Danaiden und Dirken furchtbare und ruchlose Misshandlungen erlitten, zum sicheren Ziel im Glaubenswettlauf gelangten und das edle Ehrengeschenk empfingen, sie, die körperlich Schwachen.

Die Formulierungen im Text legen nahe, dass die beschriebenen Ereignisse noch nicht lange zurücklagen; wenn man sie nicht auf eine domitianische Verfolgung beziehen möchte, für die es keine belastbaren Indizien gibt,[101] so kommen als Kontext einzig die Maßnahmen Neros infrage – zumal der Autor das Leiden der Christinnen eng mit dem Martyrium der Apostel verknüpft. Da auch die These einer Verschreibung oder Interpolation sowie die Annahme, es handele sich um Uminterpretationen

---

[99] 1 Clem. 6,1: τούτοις τοῖς ἀνδράσιν ὁσίως πολιτευσαμένοις συνηθροίσθη πολὺ πλῆθος ἐκλεκτῶν, οἵτινες πολλαῖς αἰκίαις καὶ βασάνοις διὰ ζῆλος παθόντες ὑπόδειγμα κάλλιστον ἐγένοντο ἐν ἡμῖν (Übers.: G. SCHNEIDER).

[100] 1 Clem. 6,2: διὰ ζῆλος διωχθεῖσαι γυναῖκες Δαναΐδες καὶ Δίρκαι αἰκίσματα δεινὰ καὶ ἀνόσια παθοῦσαι ἐπὶ τὸν τῆς πίστεως βέβαιον δρόμον κατήντησαν καὶ ἔλαβον γέρας γενναῖον αἱ ἀσθενεῖς τῷ σώματι (Übers.: G. SCHNEIDER). Es handelt sich hier nicht um Frauen, die von ihren „jealous husbands" angezeigt worden seien, wie SHAW 2015, 84, annimmt. Das Thema der eifersüchtigen Ehemänner wird erst nach dem Verweis auf die Verfolgungen angeschnitten (1 Clem 6,3) und markiert innerhalb der Auflistungen der aufgrund von ζῆλος begangenen Taten ein neues Beispiel, vgl. LINDEMANN 1992, 42; LONA 1998, 171 („Szenenwechsel"). Insofern erübrigt sich SHAWS Mutmaßung: „The trope of the jealous spouse delating his wife to Roman authorities in the city of Rome is also found in the writings of Justin Martyr who was probably writing in the mid-second century. The two narrative lines look too similar to be independent of one another" (SHAW 2015, 84 f.).

[101] SCHMITT 2012, 492, mit Hinweis auf MOLTHAGEN 1995; ULRICH 1996. Vgl. auch COOK 2010, 112-137, mit dem Fazit: „The evidence, however, does not justify belief in the existence of a major persecution" (136); BARNES ²2016, 37 („though widely accepted as historical by later writers both ancient and modern, [...] not attested by any reliable evidence at all"); SCHNELLE 2019, 36-43 („Eine groß angelegte Christenverfolgung unter Domitian lässt sich nicht nachweisen. Wahrscheinlich führte aber die Intensivierung des Kaiserkultes in Gemeinden Kleinasiens zu lokalen Repressionen und Verfolgungen, die jedoch deutlich über Einzelfälle hinausgingen").

realer Ereignisse vor dem Hintergrund pagan-mythischer Traditionen, sich als nicht stichhaltig erwiesen haben,[102] wird man davon ausgehen müssen, dass im *1. Clemensbrief* tatsächlich davon berichtet wird, dass unter Nero christliche Frauen als Danaiden und Dirken gequält und hingerichtet worden sind. Erhärtet wird diese Deutung ausgerechnet durch Tacitus: Denn dieser bezeugt, dass einige Opfer auch in Tierfelle gehüllt und dann von Hunden zerfleischt worden sind[103] – mit gutem Grund wurde dahinter der Aktaion-Mythos vermutet.[104] Weitere Konvergenzen finden sich nicht zuletzt im Hinweis auf die „große Menge" der Opfer (πολὺ πλῆθος/*multitudo ingens*) sowie in der Formulierung συνηθροίσθη, die dem taciteischen *cuniuncti sunt* (so im *Medicéus II*) entspricht, das der späteren Lesart *conuicti sunt* aus verschiedenen Gründen vorzuziehen ist.[105]

Christen haben sich also schon um die Wende zum 2. Jahrhundert als Opfer einer neronischen Verfolgung betrachtet, und ihre Martern wurden vom Kaiser offenbar in mythische Ambientes gekleidet. Freilich finden sich im *1. Clemensbrief* keinerlei Hinweise zum vorausgegangenen Brand Roms[106] und einer Verknüpfung der christenfeindlichen Maßnahmen mit dem Feuer. Dies aber gilt für die *gesamte* christliche Apologetik und kann in diesem Fall als Indiz für ein Schweigen mit Signifikanz gewertet werden. Bedenkt man nämlich, dass Christen *jeden* gegen sie gerichteten Vorwurf aufgegriffen und zu widerlegen gesucht haben, so verwundert es umso mehr, dass sie an keiner Stelle zur Behauptung, sie hätten die *Urbs*

---

[102] BRENNECKE 1977; LONA 1998, 169 („Die Einstimmigkeit der Textüberlieferung läßt aber keinen Raum für Konjekturen"). Vgl. zusammenfassend SCHMITT 2012, 487-490, auch gegen die neuerlich von ZWIERLEIN ²2010, 28, vorgetragenen Argumente für die Annahme einer Interpolation.

[103] Tac. *ann.* 15,44,4: *[...] ut ferarum tergis contecti laniatu canum interirent [...]*.

[104] KLAUSER 1956, 12; CHAMPLIN 2003, 123; SCHMITT 2012, 493.

[105] 1 Clem. 6,1; Tac. *ann.* 15,44,4. KERESZTES 1984, 412. Vgl. ferner LINDEMANN 1992, 41; LONA 1998, 168: „An die taciteische Schilderung der neronischen Verfolgung [...] erinnern auch die Stichworte αἰκία und βάσανος [...]." Zu *coniuncti* statt *conuicti* vgl. BÜCHNER 1953, 182-185; KERESZTES 1984, 405 f., sowie BOTERMANN 1996, 181; SCHMITT 2011, 520 f.; MEIER 2012, 428 f. Dagegen z. B. FUCHS 1950, 75-77. S. auch die Diskussion bei COOK 2010, 59 f., der das Problem nicht für zentral hält.

[106] Dazu s. zuletzt WALSH 2019.

in Brand gesetzt, Stellung bezogen haben – und dies umso mehr, wenn daraus die erste große Christenverfolgung resultiert haben soll[107] – immerhin gilt Nero im seit dem 5. Jahrhundert etablierten Schema der 10 Verfolgungen als Ahnherr allen Übels gegen die Christen.[108] Nicht einmal Lactanz, der in Nero den „allerersten Verfolger" (*primus omnium persecutus*) sieht, weiß über die Hinrichtung der Apostel Petrus und Paulus hinaus etwas von antichristlichen Maßnahmen oder gar einem Zusammenhang mit dem Brand Roms;[109] Eusebios erwähnt in seiner *Chronik* zwar das Feuer und auch die Christenverfolgung, setzt beide Ereignisse

---

[107] Dies hat nach DIBELIUS 1971, 82, und KERESZTES 1984, 408, insbesondere SCHMITT 2011, 526, deutlich hervorgehoben: „Bekanntlich haben diese [sc. die Christen] sich in ihren Verteidigungsschriften gegen auch noch die abwegigsten Anschuldigungen verteidigt. Aber selbst in Zusammenhängen, in denen man es eigentlich zwingend erwarten würde, dass sie das Thema Brandstiftung ansprächen, fehlt auch nur der geringste Hinweis: Weder wird eine Täterschaft bestritten, noch irgendwie um Verständnis geworben". SCHMITT weist auch darauf hin, dass auch in Diskussionen über christliche Vorstellungen eines finalen Weltenbrandes keine Traditionen über Christenprozesse unter Nero durchscheinen, obwohl dies zu erwarten gewesen wäre (a. a. O., 526, Anm. 38).
Auch FIEDROWICZ 2016, 252, vermerkt das auffällige Schweigen christlicher Apologeten zum angeblichen Vorwurf der Brandstiftung, scheut sich jedoch, daraus die logische Konsequenz zu ziehen und die These eines Zusammenhangs mit der Christenverfolgung aufzugeben, und konstatiert stattdessen: „Für einen historischen Zusammenhang beider Ereignisse sowie für die auf Brandstiftung lautende Anklage der Christen sprechen unter anderem die von Tacitus erwähnten Hinrichtungsarten, die im Strafrecht für Brandstifter vorgesehen waren. Ebenso wurde der Vorwurf der Brandstiftung gerne gegenüber verdächtigen Kultgemeinschaften erhoben, wie es sich im Bacchanalienprozess zur Zeit der römischen Republik im Jahre 186 v. Chr. zeigte. Schließlich konnte auch die christliche Verkündigung von einem bevorstehenden Weltenbrand (Lukas 12,49; Offenbarung des Johannes 8,8.18) in diesem Sinne missdeutet werden". Ähnlich zurückhaltend gehen BARRETT / FANTHAM / YARDLEY 2016, 163, mit dem Befund um. Vgl. auch KRÜGER 2012, 249: „Überhaupt schweigt die älteste christliche Überlieferung seltsamerweise über dieses einschneidende Ereignis ihrer Geschichte – vielleicht weil sie noch einen anderen Bezug zum Märtyrertum hatte"; ebd., 251: „Die enge Verbindung, die Tacitus ann. 15.44 zwischen der Brandkatastrophe und der Verfolgung hergestellt hat, entspricht den geschichtlichen Tatsachen".

[108] Vgl. Augustin. *civ.* 18,52; Sulp. Sev. *chron.* 2,29-33; daneben auch Hieron. *chron.* p. 185 HELM (ad ann. 68); Oros. *hist.* 7,7,10; 7,10,5.

[109] Vgl. Lact. *mort. pers.* 2,5. Ferner Prudent. *Contra Symm.* 2,669-670.

jedoch in unterschiedlichen Jahren an (64 und 68) und verknüpft sie nicht miteinander.[110] Auch Orosius behandelt Brand und Verfolgung strikt voneinander getrennt, ohne etwas von Schuldbehauptungen zu wissen.[111] Und sollen wir tatsächlich glauben, dass ein Tertullian, der in Nero ebenfalls den ersten Christenverfolger erkennt,[112] sich zu einem derart gravierenden Vorwurf wie der Zerstörung der Stadt Rom nicht geäußert haben soll, wenn er denn gegen Seinesgleichen erhoben worden wäre?[113] Auch die Gegenseite schweigt im Übrigen beredt: Selbst überzeugte antichristliche Polemiker wie Kelsos haben den Christen eines jedenfalls nicht unterstellt: die Brandstiftung in Rom.[114] Erst im 4. Jahrhundert, als Tacitus wieder rezipiert wurde, hat man – freilich nicht überall (vgl. Orosius) – einen Zusammenhang zwischen dem großen Feuer in Rom und der Christenverfolgung diskutiert, erstmals belegt im fingierten Briefwechsel zwischen Seneca und Paulus, unverkennbar dann in der *Chronik* des Sulpicius Severus.[115] Auffällig ist auch, dass der jüngere Plinius in seinem Christenbrief an Kaiser Trajan den Eindruck vermittelt, als sei er völlig ahnungslos, wie man mit dem Phänomen der Christen umzugehen habe;[116] die Ereignisse um den Brand Roms und die neronische Christenverfolgung standen ihm offensichtlich nicht als Exempel vor Augen – und dies, obwohl sein Freund Tacitus[117] einen zentralen Erzählkomplex seiner *An-*

---

[110] Hieron. [Euseb.] *chron.* p. 183 HELM (ad ann. 64): *Nero, ut similitudinem Troiae ardentis inspiceret, plurimam partem Romanae urbis incendit*; p. 185 HELM (ad ann. 68): *Primus Nero super omnia scelera sua etiam persecutionem in Christianos facit.* In der *Kirchengeschichte* wird nur die Verfolgung erwähnt, vgl. Euseb. *HE* 2,25,1-8.

[111] Oros. *hist.* 7,7.

[112] Tert. *Scorp.* 15: *orientem fidem Romae primus Nero cruentauit.*

[113] Vgl. KERESZTES 1984, 408.

[114] KERESZTES 1984, 408, der zu Recht daraus schließt, dass das Schweigen der christlichen Seite nicht mit Schuldbewusstsein oder peinlicher Betretenheit erklärt werden kann.

[115] Sen./Paul. *epist.* 11 (= A. FÜRST et al. [Edd.], Der apokryphe Briefwechsel zwischen Seneca und Paulus. Eingeleitet, übersetzt und mit interpretierenden Essays versehen, Tübingen 2006, p. 30-32); Sulp. Sev. *chron.* 2,29,1. SCHMITT 2011, 528 f., mit Anm. 54; SHAW 2015, 83.

[116] Plin. *epist.* 10,96.

[117] Plin. *epist.* 1,6; 1,20; 4,13; 6,9; 6,16; 6,20; 7,20; 7,33; 8,7; 9,10; 9,14; 9,23; vgl. 2,11,2; 2,11,17-19; 4,15,1.

nalen auf der vermeintlichen Verknüpfung beider Ereignisse aufbauen sollte. Der Befund lässt nur einen Schluss zu: Weder Christen noch ihre Gegner wussten irgendetwas davon, dass der Vorwurf der Brandlegung in Rom kursierte und dass darin der Grund für Neros Maßnahmen gelegen haben soll.[118] Da auch Sueton keinen Konnex zwischen Feuer und Verfolgung herstellt, obwohl er beide Sachverhalte anführt – bezeichnenderweise an unterschiedlichen Stellen[119] –, und da Cassius Dio zwar ein groß angelegtes Panorama vom brennenden Rom entwirft, aber darüber hinaus nichts von einer Christenverfolgung zu berichten weiß,[120] kann die Verknüpfung beider Ereigniskomplexe nur auf Tacitus zurückgehen,[121] zumal sie auch durch seine mutmaßlichen Quellen (z. B. Plinius d. Ä.)[122] nicht fundiert wird.[123]

---

[118] Diesem Befund widerspricht der Ansatz von POLLINI 2017, der plausibel machen möchte, dass die Christen gute Gründe gehabt hätten, Rom in Brand zu setzen, der zudem suggeriert, dass Christen das Feuer entfacht oder zusätzlich angeheizt haben könnten, und der vermutet, dass für die römische Bevölkerung der gegen die Christen gerichtete Vorwurf der Brandstiftung durchaus Plausibilität habe beanspruchen können (vgl. ebd., 233 f.; 236). Freilich bleibt die argumentative Grundlage für diese These recht schmal. Wenn Pollini etwa behauptet, Christen hätten einen Zusammenhang zwischen Feuer und Verfolgung nur deshalb nicht erwähnt, weil sie kein Gerede über ihre eigene Involvierung in den Brand hätten hervorrufen wollen (vgl. POLLINI 2017, 230 f.), so setzt dies die Brandstiftung bereits als bewiesen voraus und sucht das zentrale Gegenargument mit einem haltlosen, zur Tatsache aufgewerteten Axiom zu entkräften.

[119] Suet. *Nero* 16,2 (Vorgehen gegen Christen); 38 (Brand Roms). In der Forschung wurde diese separate Erwähnung beider Komplexe immer wieder als nebensächlich abgetan, vgl. etwa COOK 2010, 83 („one should probably not make too much of that, because in his lives Suetonius lists separately the evil things emperors do and the good things they do").

[120] Cass. Dio 62,16-18.

[121] So etwa auch KERESZTES 1984, 407; SCHMITT 2011, 529; SHAW 2015, 82. Dezidiert gegen SCHMITT 2011; vgl. jedoch KOCH ²2014, der auf die Konsistenz des taciteischen Berichts hinweist und dies als Argument für den Konnex zwischen Brand und Verfolgung sieht. Die These, das Christenkapitel sei interpoliert (HOCHART 1885, 221), ist längst widerlegt, vgl. BARRETT / FANTHAM / YARDLEY 2016, 163.

[122] Vgl. Plin. *NH* 17,1,5-6: Nero als Brandstifter.

[123] Vgl. SHAW 2015, 82. Anders freilich KIENAST 1994, 430 f., der den Konnex zwischen Brand und Christenverfolgung nicht aufgeben möchte, jedoch keine harten Argumente

Zuletzt jedoch haben Birgit VAN DER LANS und Jan BREMMER versucht, die traditionelle Verbindung von Brand und Verfolgung mit neuen Argumenten zu stützen. Demzufolge hätten sich Autoren wie Sueton und Cassius Dio für die Zusammenhänge zwischen beiden Geschehniskomplexen schlicht nicht interessiert und diese daher ausgespart.[124] Tacitus hingegen habe zum einen unter Rückgriff auf das Motiv der *urbs capta* aufzeigen wollen, wie Nero die gesamte Stadt für seine Zwecke okkupiert habe; aus diesem Grund habe er an das große Teile Roms vereinnahmende ‚Gastmahl des Tigellinus' den (mutmaßlich von Nero gelegten) Brand der Stadt angeschlossen und danach über das große Spektakel der Christenverfolgung berichtet. Zum anderen sei es dem Historiographen um den Aufweis der schwindenden Legitimation des Kaisers gegangen; aus diesem Grund sei er so ausführlich auf dessen Bemühungen eingegangen, nach der Zerstörung Roms die Gunst der *plebs* durch populäre Maßnahmen zu gewinnen.[125] VAN DER LANS und BREMMER weisen damit auf wichtige Punkte hin, doch letztlich gelingt es ihnen lediglich zu erklären, warum die Verknüpfung von Feuer und Verfolgung der Logik

---

für diese Verbindung vorbringen kann: „Daß der Bericht des Tacitus bei den heidnischen und den christlichen Autoren so wenig Spuren hinterlassen hat, läßt sich mit der allgemeinen Zurückhaltung gegenüber dem Werk des Tacitus im 2. und 3. Jahrhundert erklären" (430). *Nicht* erklärt wird damit aber, warum Christen nirgendwo auf den Brandstiftervorwurf, der – wenn er denn historisch wäre – auch unabhängig von Tacitus hätte geäußert werden müssen, reagiert haben. KIENAST versucht im Folgenden aufzuzeigen, dass die Christen angesichts ihrer starken Naherwartungen im Brand Roms das Fanal für den nunmehr anbrechenden Weltuntergang sehen mussten und dementsprechend ihre Predigttätigkeit verstärkt hätten. Dadurch sei die Aufmerksamkeit der römischen Autoritäten auf sie gelenkt worden (435 f.). „Nero konnte [...] nur gegen die Christen vorgehen, weil sie während und nach dem Brand die Aufmerksamkeit auf sich gezogen und die Heiden provoziert hatten" (439). Auch MALITZ 1999, 73, zufolge „besteht kein triftiger Grund, Tacitus' Bericht zu bezweifeln", wenngleich er das Schweigen der christlichen Autoren für „schwer verständlich" hält (74). Kritiklose Übernahmen der Verknüpfung zwischen dem Brand Roms und der Christenverfolgung ziehen sich bis in die jüngeren Nero-Monographien, vgl. etwa WALDHERR 2005, 215-217; SONNABEND 2016, 120 („Dass Brand von Rom und Vorgehen gegen die Christen kausal in einem Zusammenhang stehen, ist evident").

[124] Ähnlich bereits KIENAST 1994, 431.
[125] VAN DER LANS / BREMMER 2017, 304-309.

des taciteischen Geschichtswerk folgen musste; ihre Historizität wird damit hingegen nicht erwiesen.[126]

Ein Konnex zwischen dem Brand der *Urbs* und Neros antichristlichen Maßnahmen bleibt somit fraglich, ja insgesamt höchst unwahrscheinlich; allem Anschein nach handelt es sich dabei um ein Konstrukt des Tacitus, das den Vorwurf, der Kaiser habe die Stadt angezündet, aufgreifen sollte, um das dadurch bereits finster eingefärbte Nerobild noch zusätzlich zu verdüstern. Der Vorwurf der Brandstiftung freilich ist allein im senatorischen Umfeld bezeugt. Unter den Zeitgenossen wird Lukan mit ihm in Verbindung gebracht,[127] und auch Seneca könnte darauf angespielt haben;[128] der ältere Plinius erwähnt Neros vermeintliche Brandstiftung explizit,[129] zudem ist die Behauptung in der Tragödie *Octavia* präsent.[130] Über die flavische Historiographie (Plinius) dürfte sie zu Sueton, Tacitus und Cassius Dio gelangt sein,[131] danach wird sie Teil des verbreiteten Nerobildes. Verfestigte sich somit in aristokratischen Kreisen rasch die Vorstellung vom *incendiarius Nero*, so scheint die breite Bevölkerungsmehrheit durchaus eine andere Sichtweise vertreten zu haben: Selbst Tacitus muss nämlich zugeben, dass Neros erste Sofortmaßnahmen gegen das Feuer als *popularia* wahrgenommen wurden; sie hätten sich gegen das Brandstiftergerücht zwar rasch als wirkungslos erwiesen (*in irritum cadebant*),[132] aber der Historiograph sagt nicht, aus welcher Perspektive diese Wertung vorgenommen wurde, worauf Tassilo SCHMITT zu Recht

---

[126] Es geht dabei nicht darum, Tacitus „eine bewußte Manipulation der historischen Fakten" zu unterstellen, wie KIENAST 1994, 431, mutmaßt, sondern lediglich herauszuarbeiten, wie sich für ihn vor dem Hintergrund seines Geschichtsbildes und Wertehorizontes die Geschehnisse zu einem Gesamtbild fügen mussten, das nicht unbedingt historisch sein musste.

[127] Stat. *silv.* 2,7,60-61.

[128] Sen. *Medea* 599-602, mit REBENICH 2009, 43. Auch Sen. *epist. mor.* 94,61 könnte als Anspielung auf eine Brandstiftung durch Nero verstanden werden.

[129] Plin. *NH* 17,1,5-6.

[130] Ps.-Sen. *Octavia* 831-833.

[131] Suet. *Nero* 38; Tac. *ann.* 15,38,1; vgl. auch 15,67,2 (dem Tribun Subrius Flavus in den Mund gelegt); Cass. Dio 62,16,2.

[132] Tac. *ann.* 15,39,3.

hingewiesen hat.[133] Sollte das Volk ihn wirklich für das Unglück verantwortlich gemacht haben, so hätte Nero es sicherlich nicht wagen können, während der Christenverfolgung ein geselliges Bad in der Menge zu nehmen (*permixtus plebi*).[134]

Warum dann aber die Hinrichtung der Chrestus/Christus-Leute? Der Kaiser demonstrierte damit seine überragende *philanthropía*. Denn es war ja das *odium humani generis*, der Hass auf das Menschengeschlecht, der den Opfern als zentrales Element ihrer *flagitia* vorgehalten wurde[135] – jenes Verhalten also, das man bis dahin den Juden unterstellt hatte. So berichtet etwa Diodor, dass während der Belagerung Jerusalems im Jahr 134 v. Chr. im Kriegsrat Antiochos' VII. von τὸ μῖσος τὸ πρὸς τοὺς ἀνθρώπους bzw. einer μισανθρωπία πάντων ἐθνῶν gesprochen wurde,[136] und Tacitus selbst schreibt den Juden ein *adversus omnes alios hostile odium* zu, „eine Variante seiner Uebersetzung des griechischen Schlagworts".[137] Man nahm die Chrestus/Christus-Leute also weiterhin als jüdische Splittergruppe wahr und setzte sie demzufolge derselben Polemik aus wie die Juden.[138]

Tacitus aber ging es in seinem Bericht um anderes: Er wollte vor allem Nero als blutgierigen Tyrann darstellen, dessen grausame Exzesse schließlich dazu führten, dass man – genauer: das Volk – selbst mit derart abscheulichen Figuren wie den Chrestus/Christus-Leuten Mitleid (*miseratio*) zeigte.[139] Dafür nutzte er die Ambivalenz der Wendung *odium humani generis*, für die man in senatorischen Milieus sensibilisiert war.

---

[133] Vgl. SCHMITT 2011, 528. Vgl. auch SCHMITT 2012, 507 f.

[134] Tac. *ann.* 15,44,5.

[135] Tac. *ann.* 15,44,4.

[136] Diod. 34/35,1. Als Vorlage Diodors wird Poseidonios angenommen, vgl. NESTLE 1927, 92; FUCHS 1950, 86 f.; MALITZ 1983, 287; 307; 309-312. Vgl. auch BLOCH 2002, 42-54 (vorsichtiger in der Zuschreibung an Poseidonios). S. auch Apollonios Molon bei Ios. *c. Apion.* 2,148. S. auch COOK 2010, 63-65, zum Motiv des Menschenhasses in der antijüdischen Polemik.

[137] Tac. *hist.* 5,5; vgl. Tert. *apol.* 37,8; NESTLE 1927, 92.

[138] Vgl. MEIER 2012, 429 f.

[139] Tac. *ann.* 15,44,5: *unde quamquam adversus sontes et novissima exempla meritos miseratio oriebatur, tamquam non utilitate publica, sed in saevitiam unius absumerentur.* Vgl. etwa KERESZTES 1984, 408; SCHMITT 2011, 525; MEIER 2012, 426, mit Anm. 5 (Literatur).

Denn längst war bekannt, dass der ältere Plinius in seinem sicherlich nerofeindlichen[140] Geschichtswerk den Kaiser als *hostis humani generis* stigmatisiert hatte;[141] darauf aber, dass das *odium* eine wichtige Eigenschaft eines *hostis* war, hatte Tacitus selbst wiederholt hingewiesen.[142] Ein aristokratisch gebildeter Leser musste somit bei der Formulierung *odium humani generis* nicht nur an die gepeinigten Juden denken, sondern gleichzeitig auch an Nero – Täter und Opfer waren in ihrer Abscheulichkeit nicht mehr voneinander zu trennen, und während sich beim Volk Mitleid mit den brennenden Chrestus/Christus-Leuten einstellte, schwelte unter den Senatoren der Hass auf Nero.

Freilich bleibt Tacitus auf der Oberfläche zurückhaltend genug, dass er Nero nicht offen der Brandstiftung bezichtigt: *forte an dolo principis incertum*, heißt es einleitend zum großen Feuer in Rom;[143] man wusste also nicht, wo die Ursache lag. Doch wie so oft mit der Macht eines namenlosen Gerüchts arbeitend,[144] gelingt es Tacitus auch in diesem Fall geschickt, den Verdacht implizit auf Nero zu lenken, unabhängig von seiner tatsächlichen (Un-)Schuld.[145] Analysiert man den Erzählkomplex um den Brand Roms und die Christenverfolgung genauer, so zeigt sich rasch, dass die Omnipräsenz des Kaisers ein zentrales Kompositionselement darstellt;[146] das Christenkapitel, so lässt sich folgern, ist eigentlich ein

---

[140] Dazu s. HANSLIK 1963, 98 („notorischer Gegner Neros"); WILKES 1972, 201; SCHUBERT 1998, 313-324; CHAMPLIN 2003, 41; MEIER 2012, 431 f.; DRINKWATER 2019, 9. Plinius hat bezeichnenderweise unter Nero kein Amt bekleidet.
[141] Plin. *NH* 7,46.
[142] Tac. *hist.* 5,5,1; *ann.* 15,28,1 (*hostile odium*).
[143] Tac. *ann.* 15,38,1.
[144] Dazu s. FLAIG 2003; 2014.
[145] Vgl. schon Fuchs 1950, 67.
[146] Vgl. Tac. *ann.* 15,38,1 (das Feuer entstand durch Zufall oder die Arglist des Princeps); 15,38,7 (Behinderungen der Löscharbeiten, möglicherweise auf Befehl); 15,39,1 (Neros Rückkehr aus Antium); 15,39,2 (Hilfsmaßnahmen Neros); 15,39,3 (Gerücht, Nero habe angesichts des brennenden Roms den Untergang Troias besungen); 15,40,2 (erneuter Ausbruch des Feuers, dieses Mal auf den Gütern des Tigellinus – Gerüchte, der Princeps habe eine Neugründung Roms geplant); 15,42,1-2 (Nero lässt auf den Ruinen Roms die *domus aurea* errichten); 15,43,2-5 (Maßnahmen des Princeps beim Wiederaufbau Roms); 15,44,2 (Nero vermag trotz vielfältigster Anstrengungen und Maßnahmen das Gerücht, er selbst habe den Brand befohlen, nicht aus der Welt zu schaffen; er schiebt

Nerokapitel. Damit wird auch allmählich klar, warum der Historiograph den Brand und die Verfolgungen zu einer großen Erzähleinheit verbunden hat: Indem er die von Zeitgenossen im größeren historischen Zusammenhang vermutlich als marginal betrachtete Hinrichtung der Chrestus/Christus-Leute auf die Feuersbrunst bezogen hat, schuf er sich die Möglichkeit, dem Kaiser eine weitere Untat zu unterstellen: Das Unterschieben fälschlich Beschuldigter (*subdidit reos*).[147] Gleichzeitig konnte er damit implizit den von ihm selbst nie offen geäußerten Brandstifterverdacht stärken, da er Nero auf diesen in besonderer Heftigkeit reagieren lässt, was entweder als indirektes Schuldeingeständnis, zumindest aber als Agieren aus Angst heraus, d. h. als typische Tyrannenhandlung,[148] gelesen werden konnte. Die nachträglich konstruierte Verbindung des großen Feuers mit der Christenverfolgung diente dem Historiographen somit einzig dazu, die grauenhaften Abgründe im Charakter des Tyrannen Nero offenzulegen.

Wenn aber die Chrestus/Christus-Leute nichts mit dem Brand Roms zu tun hatten und die Behauptung, Nero habe sie als Schuldige untergeschoben, ein Produkt taciteischer Geschichtskonstruktion darstellt, wenn das Feuer also für die Verfolgungen überhaupt keine Rolle gespielt haben kann, ergibt sich die Frage, was die Beschuldigten in den Verhören, denen sie vor den grausamen Hinrichtungen unterzogen wurden, eigentlich gestanden haben sollen. Was also verbirgt sich hinter der Formulierung *qui fatebantur*, wenn Brandstiftung jedenfalls nicht gemeint sein kann? Es ist anzunehmen, dass die Zugehörigkeit zur *factio* des Aufrührers Chrestus im Zentrum der Befragungen stand[149] – ein politischer Vorwurf also, der

---

Sündenböcke vor); 15,44,4-5 (Verhaftung und Befragung von Christen; Inszenierung der Hinrichtungen von Christen als *spectaculum*). Vgl. dazu auch MEIER 2012, 426 f.

[147] Tac. *ann.* 15,44,2: *ergo abolendo rumori Nero subdidit reos [...]*.

[148] Angst als Charakteristikum eines Tyrannen: BERVE 1967, 361 f.

[149] So auch MOLTHAGEN ²1975, 23; SCHMITT 2011, 521-525; MEIER 2012, 428. Anders etwa noch KIENAST 1994, 427: „Es kann sich aber doch wohl nicht – wie oft behauptet wird – um das Bekenntnis zum Christentum handeln, sondern allein um das Geständnis der Brandstiftung"; ähnlich zuletzt noch POLLINI 2017, 234. COOK 2010, 61 f., plädiert dafür, beide Vorwürfe zusammen zu sehen: „The two charges were probably equated – namely, being a Christian equated being an arsonist for Nero"; ähnlich BARNES ²2016, 3; SONNABEND 2016, 124.

sich gegen eine Gruppe innerhalb des stadtrömischen Judentums richtete und möglicherweise die Grundlage für das *Institutum Neronianum*, die Strafbarkeit des (von den Behörden zunächst kaum religiös interpretierten) Bekenntnisses *Christianus sum*, bot.[150] Präzisere Differenzierungen vorzunehmen dürften die römischen Autoritäten, wie wir gesehen haben, um die Mitte der 60er Jahre noch nicht fähig gewesen sein.

> So wurden zunächst Leute festgesetzt, die ein Geständnis ablegten (*qui fatebantur*); dann wurde ihren Hinweisen folgend eine ungeheure Menge allerdings nicht unter dem Strafbestand ,Brandstiftung', aber doch wegen ihres Hasses auf das Menschengeschlecht zusammengebracht (*coniuncti sunt*).

So wird man den zentralen Satz des Christenkapitels wohl wiedergeben müssen.[151] Tacitus sagt also selbst, dass nicht Brandstiftung, sondern die vage Behauptung eines *odium humani generis* im Zentrum der Anklage stand. Dementsprechend wurden die Beschuldigten auch nicht zu Strafen, wie sie für Brandstiftung typisch sind,[152] verurteilt (denn sonst hätte man

---

[150] Die möglichen Rechtsgrundlagen der frühesten Christenverfolgungen beschäftigen die Forschung seit langem. Ausgehend von einem Hinweis Tertullians (Tert. *nat.* 1,7,8-9; vgl. *apol.* 5,1-4 [vgl. RORDORF 1982, 366, der vermutet, dass Tertullian sich seinerseits auf *Mart. Pauli* 2 bezieht]) wurde mehrfach nachzuweisen versucht, dass mit den neronischen Maßnahmen die Strafbarkeit des *nomen Christianum* etabliert worden sei, die sich freilich erst aus dem Briefwechsel zwischen Plinius und Traian (Plin. *epist.* 10,96,2: *nomen ipsum*) als Grundlage des Handelns kaiserlicher Amtsträger erschließen lässt (und auch dort nicht explizit erwähnt wird und daher kontrovers diskutiert wird). Vgl. zur Diskussion BORLEFFS 1952; MOLTHAGEN ²1975; VITTINGHOFF 1984; COOK 2010, 96 f.; FRENSCHKOWSKI 2013, 866 f. („Das Nomen Christianum kann aber als solches noch nicht als neuer Straftatbestand definiert gewesen sein, da die Verfolgung [sc. Neros] auf Rom beschränkt blieb"); SHAW 2015, 97 („There never was any *Institutum Neronianum* or any general covering law or *senatus consultum* or any such official anti-Christian measure concocted in connection with (or in the aftermath of) the Great Fire").

[151] Tac. *ann.* 15,44,4: *igitur primum correpti qui fatebantur, deinde indicio eorum multitudo ingens haud proinde in crimine incendii quam odio humani generis coniuncti sunt.*

[152] So aber wurde es in der Forschung immer wieder, z.T. unter Verweis auf *Dig.* 47,9,9; 47,9,12,1, behauptet, vgl. etwa HANSLIK 1963, 106; LAMPE ²1989, 65; MALITZ 1999, 75; GREEN 2010, 52; KRÜGER 2012, 254 („Formal korrekt war die Bestrafung des Brandstifters durch Kreuzigung und Verbrennung"); FIEDROWICZ 2016, 252; 254; s. auch FRENSCHKOWSKI 2013, 865 f.: „Wenn Christen tatsächlich als brennende Fackeln

sie nicht bemitleiden müssen), sondern zu etwas ganz Außergewöhnlichem: zu *quaesitissimis poenis*, für die der Kaiser eigens seine Gärten zur Verfügung stellte.[153] Nero zielte also auf ein Spektakel, und Tacitus auf die Herausarbeitung von dessen bestialischer Grausamkeit (*in saevitiam unius absumerentur*).[154]

---

hingerichtet wurden, dann weil ihnen Brandstiftung nachgesagt wurde"; ähnlich ebd., 867. COOK 2010, 72, vermutet, Nero habe Brandstiftung und Bekenntnis zum Christentum gleichgesetzt und dadurch größere Variationsbreite in der Wahl der Strafen gewonnen.

[153] Tac. *ann.* 15,44,2 (*[...] Nero subdidit reos et quaesitissimis poenis adfecit [...]*); 15,44,5 (*hortos suos ei spectaculo Nero obtulerat [...]*). Vgl. DIBELIUS 1971, 81 f.; SCHMITT 2011, 520; 2012, 493 f. Vgl. auch CHAMPLIN 2003, 122: „Indeed, the whole affair was irregular".

[154] Tac. *ann.* 15,44,5.

IV. Neros Motive

Wenn es nicht ein auf Nero lastendes Brandstifter-Gerücht war, das den Kaiser zum Vorgehen gegen die Chrestus/Christus-Leute motivierte – aus welchem Grund handelte er dann also?

Tassilo SCHMITT hat aufzeigen können, dass die mythologisierenden Hinrichtungsarten sich in komplexe Assoziationsrahmen zu aktuellem Zeitgeschehen einordnen lassen. Seinen Überlegungen zufolge nahm die Motivik der Danaiden und Dirken direkten Bezug auf entsprechende Skulpturen und Statuen, die in Rom aufgestellt waren und große Berühmtheit genossen – im Fall der Dirke eine hellenistische Skulpturengruppe, die Asinius Pollio im Jahr 39 v. Chr. hatte installieren lassen[155] und deren Kopie, der *Toro Farnese*, noch heute erhalten ist;[156] im Fall der Danaiden eine Portikus, die Augustus auf dem Palatin hatte errichten lassen und die zwischen den einzelnen Säulen die Danaiden mitsamt ihrem Vater Danaos präsentierte.[157] Die Dirke-Inszenierung habe Nero die Möglichkeit geboten, sich, indem der Fokus auf das Wüten des dionysischen Stieres gerichtet wurde, als leidenschaftlicher Vernichter von Frevlerinnen zu gerieren;[158] in der Ermordung der Danaiden hingegen habe der Kaiser im mythischen Bild reflektiert, dass er sogar gegen Verwandte mit äußerster Rücksichtslosigkeit vorzugehen bereit sei, sofern die Umstände es erforderten.[159]

---

[155] Plin. *NH* 36,34.
[156] Vgl. SCHMITT 2012, 498 f.
[157] Vgl. CHAMPLIN 2003, 124; SCHMITT 2012, 502 f.
[158] SCHMITT 2012, 501 f.
[159] SCHMITT 2012, 504 f. Hintergrund sei eine Nebenvariante des Mythos gewesen, wonach Lynkeus die Danaos-Töchter zusammen mit dem Vater getötet haben soll, dazu s. u.

Einzig für die Aktaion-Inszenierung, die sich aus Tacitus' Bericht erschließen lässt (s. o.), lasse sich keine konkrete Skulptur als Anknüpfungsobjekt ausmachen. Hier, so SCHMITT, lagen die Bezüge anders: Die 50 Hunde, die Aktaion im Mythos zerrissen, wurden in Mythen und Riten mit den sommerlichen Hundstagen in Verbindung gebracht; diese aber fielen ägyptischen Berechnungen zufolge im Jahr 64 ausgerechnet auf den 19. Juli – jenen Tag also, an dem in Rom das große Feuer ausbrach;[160] Tacitus selbst weist auf die vielfältigen chronologischen Spekulationen hin, die zu diesem Datum angestellt wurden, man war sich also seiner Implikationen bewusst.[161] Nero, so die Schlussfolgerung, habe mit seinem beherzten Eingreifen die kosmische Ordnung wiederhergestellt, nachdem sich die Gluthitze der Hundstage zum alles verzehrenden Brand ausgeweitet habe. „Der Kaiser glich damit Apoll, dem er sich auch sonst in seinem öffentlichen Auftreten immer mehr anverwandelte, jenem Apoll, von dem man sich traditionell Linderung in den Hundstagen versprach".[162]

Wir lassen diese Interpretation vorerst im Raum stehen und lenken den Blick auf eine andere Frage: Wenn Nero die grausamen Hinrichtungen der Chrestus/Christus-Leute in mythische Kontexte einbettete, welche Funktion kam innerhalb dieses Ensembles dann jenen Fällen zu, in denen Opfer ans Kreuz geschlagen und angezündet wurden?[163] Müssten

---

[160] BAUDY 1991, der daraus die These ableitet, Christen aus dem Orient, die in Rom lebten, hätten die Stadt aufgrund eschatologischer Hoffnungen in Brand gesetzt.
[161] Tac. *ann.* 15,41,2.
[162] SCHMITT 2012, 505-507, das Zitat 507.
[163] Textkritisch ist die betreffende Passage – deren Sinn recht einhellig als klar akzeptiert wird – problematisch, da sie grammatikalisch nur schwer aufzulösen ist. Der *Mediceus II* bietet „sichtlich einen verdorbenen Wortlaut" (FUCHS 1950, 88): *et pereuntibus addita ludibria, ut ferarum tergis contecti laniatu canum interirent <u>aut crucibus affixi aut flammandi atque</u> ubi defecisset dies in usu<m> nocturni luminis urerentur* – von Sulp. Sev. *chron.* 2,29,2 in folgender Weise wiedergegeben: *quin et nouae mortes excogitatae, ut ferarum tergis contecti laniatu canum interirent, multi crucibus affixi aut flamma usti, plerique in id reseruati, ut cum defecisset dies, in usum nocturni luminis urerentur*. Schon Sulpicius dürfte indes einen korrupten Text vorgefunden haben, wie aus der ungelenken zweifachen Verwendung des Verbums *urere* hervorgeht (vgl. FUCHS 1950, 88). Zur Lösung des Textproblems sind in den vergangenen Jahrzehnten

dann nicht auch sie sich vor einem mythischen Hintergrund deuten lassen? Tassilo SCHMITT vermag zwar plausibel zu erklären, warum diese Formen der Bestrafung im *1. Clemensbrief* keine Erwähnung finden und warum ausgerechnet Tacitus sie eigens hervorhebt, äußert sich aber nicht

verschiedene Vorschläge vorgetragen worden, von denen indes keiner einhellige Überzeugungskraft gewinnen konnte (sie reichen von der Tilgung der Worte *aut flammandi atque* [so etwa in der Edition von HEUBNER] bis zu verschiedenen Konjekturen [häufig *flammati* statt *flammandi* mit vorgezogenem *atque* anstelle des zweiten *aut*; Zusammenstellung der Vorschläge bei KOESTERMANN 1968, 257; LUND 2008, 253 f., mit eigener Konjektur S. 261: *aut crucibus adfixi ad flammas dati, ut, cum defecisset dies, in usu<m> nocturni luminis urerentur,* sowie in der *Appendix critica* der Edition von K. WELLESLEY (Ed.), Cornelii Taciti Libri qui Supersunt, Tom. I.2: Ab Excessu Divi Avgvsti Libri XI-XVI, Leipzig 1986, 157 f., mit eigener Konjektur: *aut crucibus adfixi, ut flammandi, ubi defecisset dies, in usum nocturni luminis urerentur*]). Vgl. ferner BÜCHNER 1953, 187-190; HANSLIK 1963, 106 f. So wird man sich am Ende mit dem Konstatieren eines Textproblems begnügen müssen – wohlgemerkt immerhin bei gleichzeitiger Anerkennung der Klarheit des Gemeinten (so auch SHAW 2015, 81: „neither this nor any of the other many proposals materially affect the arguments being made here").
CHAMPLIN 2003, 122 f., schlägt vor, die Verbrennung von Christen als symbolische Vergeltung für die Zerstörung des Tempels der Luna Noctiluca auf dem Palatin, der beim großen Feuer vermutlich niedergebrannt war, zu deuten. Ihm folgt BARNES [2]2016, 5; 334 f. Diese Deutung setzt freilich voraus, dass Nero mit den Strafen direkt das (angebliche) Vergehen spiegeln wollte, was der Aussage des Tacitus (*ann.* 15,44,2), es habe sich um *quaesitissimae poenae* – also ganz besondere Strafen – gehandelt (s. o.), ausdrücklich widerspricht. CHAMPLIN muss, um seine Interpretation aufrechtzuerhalten, überdies die bisherige *communis opinio* der Forschung zu entkräften versuchen, wonach es sich bei dem Tac. *ann.* 15,41,1 erwähnten Lunatempel nicht um jenen auf dem Aventin, sondern den der Luna Noctiluca auf dem Palatin gehandelt habe. Und schließlich wäre zu fragen, warum Nero nur die Zerstörung eines einzigen Gebäudes in der Bestrafung gespiegelt haben sollte – zumal die anderen Exekutionsformen (Aktaion, Danaiden und Dirken) in eine ganz andere Richtung als symbolische Vergeltung für die Zerstörung konkreter Bauwerke zu weisen scheinen. Außer Betracht bleiben kann auch die von MALITZ 1999, 74, geäußerte Ansicht, „der grausame Einfall, die Todgeweihten durch Einhüllen in pechgetränkte Gewänder zu lebenden Fackeln zu machen, scheint ein persönlicher Beitrag des Tigellinus gewesen zu sein" – diese Vermutung beruht wohl auf Iuv. 1,155-157, wo darauf Bezug genommen wird, dass Tigellinus Menschen als Fackeln missbraucht habe; ob dies auf Neros Christenverfolgung zu beziehen ist, bleibt aber offen.

zu möglichen mythischen Implikationen.¹⁶⁴ Da jedoch die stadtrömische Bevölkerung die Kreuzigungen der Chrestus/Christus-Leute kaum mit dem Tod Christi in Verbindung gebracht haben dürfte (dazu war dieser nicht bekannt genug),¹⁶⁵ liegt es angesichts des Kontextes zunächst nahe, auch für diese Form der Exekution mythische Vorbilder anzunehmen. Die bekannteste und symbolträchtigste mythische Verbrennung dürfte die des Herakles auf dem Berg Oita dargestellt haben. Und tatsächlich besitzen wir ein Zeugnis dafür, dass Nero bereits bei anderer Gelegenheit die ‚Verbrennung als Herakles' als Strafe erprobt und dies in Gestalt eines großen Spektakels (μέγα θέαμα) inszeniert hatte. Aus der Feder des unter Nero wirkenden Epigrammatikers Lukillios ist folgendes aufschlussreiche Epigramm überliefert:¹⁶⁶

> Aus Zeus' hesperidischen Gärten stahl Meniskos,
> wie zuvor Herakles, drei goldene Äpfel.
> Und was soll ich sagen? Als man ihn erwischte, gab es für alle ein großes Schauspiel:
> Er wurde lebendig verbrannt, wie zuvor Herakles.

Anders als seinen Vorgängern¹⁶⁷ war dem Kaiser die in spezifische mythische Kontexte eingebundene Hinrichtung als Mittel der Inszenierung von Spektakeln somit auch jenseits der Ereignisse um die Christen durchaus nicht unbekannt, und die Herakles-Gestalt spielte dabei eine Rolle.

---

¹⁶⁴ SCHMITT 2012, 512 f., zufolge war es im frühesten Christentum möglich und üblich, den schmachvollen Erlösungstod Christi ohne explizite Bezugnahme auf das Kreuz zu thematisieren; Tacitus hingegen habe, so SCHMITT weiter (513-515), die Kreuzigungen erwähnt, weil Nero mit dieser höchst entehrenden Strafe Mitleid mit den Gepeinigten provoziert und dadurch die bestehende Ordnung pervertiert habe.

¹⁶⁵ Anders BARNES ²2016, 9: „a parody of the crucifixion of Jesus"; vgl. ebd., 337 („symbolic").

¹⁶⁶ *Anth. Graec.* 11,184: Ἐκ τῶν Ἑσπερίδων τῶν τοῦ Διὸς ἦρε Μενίσκος / ὡς τὸ πρὶν Ἡρακλέης χρύσεα μῆλα τρία. / καὶ τί γάρ;ὡς ἑάλω, γέγονεν μέγα πᾶσι θέαμα / ὡς τὸ πρὶν Ἡρακλέης ζῶν κατακαιόμενος (Übers.: Chr. KUGELMEIER). Zu Lukillios, der Nero zum Dank für dessen Patronage das zweite Buch seiner Epigramme widmete (*Anth. Graec.* 9,572), vgl. ALBIANI 1999. Auch COLEMAN 1990, 60 f., und SCHMITT 2012, 496, verweisen auf dieses Epigramm, verknüpfen es aber nicht mit der Verbrennung der Chestus/Christus-Leute.

¹⁶⁷ COLEMAN 1990, 70, und SCHMITT 2012, 495, weisen darauf hin, dass mythisch inszenierte Hinrichtungen vor Nero nicht belegt sind.

Die mythische Symbolik des Flammentods kann in Rom also als geläufig vorausgesetzt werden – Tertullian will sogar „des öfteren" (*saepius*) Zeuge derartiger ‚Herakles-Brandexekutionen' geworden sein[168] –, und es ist insofern naheliegend, dass Nero auch mit den Verbrennungen der Christen die entsprechende Motivik ausspielte; die damit verknüpften Kreuzigungen mögen dabei als zusätzliche, besondere Form der Entehrung gedient haben.[169] Neu gegenüber der Hinrichtung des Meniskos war nun lediglich die Tatsache, dass keine konkrete Verbindung zwischen Tat und Strafe mehr bestand.

Wenn aber Nero tatsächlich Anhänger des Chrestus nach dem Vorbild des brennenden Herakles in Flammen aufgehen ließ, so tritt nunmehr noch eine weitere Deutungsebene hinzu, die uns möglicherweise helfen kann, die Motive für die Verfolgung herauszuarbeiten: Denn Nero hätte in diesem Fall gleichzeitig sich selbst bespiegelt. Sueton berichtet, dass zu den Rollen, in denen der Kaiser als Künstler auftrat, auch jene des *Hercules insanus* gehörte.[170] Dieser aber galt als Inbegriff des Verwandtenmörders, hatte er doch im Wahn seine Frau und die eigenen Kinder getötet – was sich unmittelbar auf die Ermordung Octavias sowie später (seit 65) auf die schwangere Poppaea beziehen ließ.[171] Sollte diese Interpretation zutreffen, so wäre weiter zu fragen, ob entsprechende Selbstbespiegelungen auch im Fall der Danaiden und Dirken sowie des Aktaion-Mythos aufgewiesen werden können. Und tatsächlich lässt sich als Leitmotiv der mythischen Inszenierungen der Verwandtenmord erkennen: Um einen nur knapp verhinderten Muttermord, der unweigerlich As-

---

[168] Vgl. Tert. *nat.* 1,10,47: *vidimus saepe castratum Attin deum a Pessinunte et qui uiuus cremabatur, Herculem induerat. risimus et meridiani ludi de deis lusum*; vgl. *apol.* 15,5. Dazu COLEMAN 1990, 44; 55 f.; 60. Um den gewünschten Effekt zu erzielen, wurden die Opfer offenbar in eine leicht brennbare *tunica* gehüllt, wie sie Sen. *epist.* 14,5 beschrieben wird (*illam tunicam alimentis ignium et inlitam et textam*). Sie wurde (später?) als *tunica molesta* bezeichnet, vgl. Mart. 4,86,8; 10,25,5; Iuv. 8,235.

[169] Die Kombination aus Kreuzigung und Verbrennung wurde offenbar nicht nur unter Nero praktiziert, vgl. etwa das Martyrium des Pionius: *Mart. Pion.* 21 p. 162,22-164,15 MUSURILLO; s. auch *Mart. Carpi, Pamfili, Agathonicae* 4-6 p.32,9-36,2 MUSURILLO; Lucan. 10,365; COLEMAN 1990, 56.

[170] Suet. *Nero* 21,3.

[171] CHAMPLIN 2003, 103-107.

soziationen zu Agrippinas Tod im Jahr 59 evoziert haben muss, rankt sich jedenfalls das Geschehen im Zusammenhang der Dirke-Figur: Eifersüchtig auf Antiope, die Nichte ihres Mannes Lykos, verlangt sie von den Zwillingen Amphion und Zethos die Ermordung der Rivalin; diesen wird dann jedoch enthüllt, dass Antiope ihre Mutter ist, und so lassen sie nun Dirke selbst von einem Stier zu Tode schleifen.[172] Amphion soll sich im Übrigen später mit Niobe vermählt haben,[173] deren Figur der Kaiser bei den *Neronia* des Jahres 65 persönlich auf der Bühne darstellte.[174]

Noch deutlicher tritt das Motiv des Verwandtenmords im Danaidenmythos zutage: Die 50 Töchter des Danaos sollen die 50 Söhne des Aigyptos ehelichen, werden aber vom Vater überredet, die Ehemänner in der Hochzeitsnacht zu töten. Einzig Hypermestra verschont ihren Gatten Lynkeus.[175] In einer Nebenversion des Mythos müssen die 49 Gattenmörderinnen nicht erst in der Unterwelt für ihre Schuld büßen, sondern werden gemeinsam mit Danaos von Lynkeus getötet; letzterer herrscht später gemeinsam mit Hypermestra über Argos.[176] Ehegatten- und Geschwistermord werden hier im Mythos reflektiert, und das römische Publikum wird kaum umhin gekommen sein, assoziative Verbindungen zum gewaltsamen Tod des Britannicus (55) und der Octavia (62) zu knüpfen.

Komplizierter gestaltet sich in dieser Hinsicht der Aktaion-Mythos, bei dem das Motiv des Verwandtenmordes keine prominente Rolle gespielt zu haben scheint (es sei denn, Nero zielte grundsätzlich auf Assoziationen zu Verwandtenmördern, die traditionell gemeinsam mit bis-

---

[172] Vgl. SCHIRMER 1886.
[173] Apollodor. 3,45.
[174] Suet. *Nero* 21,2.
[175] Vgl. BERNHARD 1886; HERMANN 1957.
[176] *Schol*. Eurip. *Hek*. 886. Dass in der Hinrichtung von Christinnen als Danaiden auf diese Nebenversion angespielt worden sein dürfte, erscheint umso wahrscheinlicher, als in der 'Hauptversion' des Mythos keine irdische Bestrafung der Danaostöchter erfolgte, diese stattdessen in der Unterwelt dazu verdammt wurden, auf ewig Wasser in löchrigen Gefäßen zu schöpfen; dies wäre, wie auch DIBELIUS 1971, 71, und BRENNECKE 1977, 304, anmerken, szenisch kaum darstellbar gewesen – der Rachemord an den Danaiden hingegen schon. Vgl. allerdings auch COLEMAN 1990, 66: „the mode of execution by which the protagonists in the charades were dispatched need not match their traditional fate in myth".

sigen Tieren in einen Ledersack eingenäht wurden);[177] zwar scheinen die frühesten Varianten dieses Mythos eine Vergewaltigung der Semele durch ihren Neffen Aktaion zu implizieren,[178] doch dürften die populäreren Versionen jene gewesen sein, in denen Aktaion in einen Hirsch verwandelt und von den eigenen Hunden zerfleischt wird, da er die Göttin Artemis nackt beim Baden beobachtet hat – dies jedenfalls ist die von Ovid ausgestaltete Fassung.[179] Wichtiger könnten in diesem Fall für Nero aber wohl die erwähnten Bezüge des Aktaion-Mythos zu den Hundstagen und die damit einhergehenden Möglichkeiten, das große Feuer in Rom mythisch einzufassen, gewesen zu sein.

Insgesamt nimmt jedoch das Motiv des Verwandtenmords eine signifikant prominente Position innerhalb jener Mythen ein, die der Kaiser für die Inszenierung der Hinrichtungen der Chrestus/Christus-Leute auswählte. Ein römisches Publikum musste dadurch unweigerlich auf ihn selbst und die von ihm begangenen Bluttaten in der eigenen Familie gelenkt werden. Forciert wurde diese Zentrierung dadurch, dass Nero für das makabre Schauspiel ausgerechnet seine eigenen Gärten (*hortos suos*) zur Verfügung stellte,[180] ganz so, wie er für seine ersten öffentlichen Auftritte als Sänger ebenfalls zunächst seine *horti* avisierte.[181] Wie sehr der Kaiser bei den Christenverfolgungen selbst im Zentrum stehen wollte, geht überdies aus dem Umstand hervor, dass er das Spektakel um ein Zirkusspiel (*circense ludicrum*) bereicherte und sich selbst in der Tracht eines Wagenlenkers unter das Volk mischte bzw. auf einem Rennwagen Position bezog.[182] Die Christenverfolgung stellte also eines jener großen selbstbezogenen *spectacula* Neros dar – und Tacitus verwendet nicht ohne Grund exakt dieses Wort dafür[183] –, mit denen der Kaiser wiederholt

---

[177] Exakt dies wurde Nero jedenfalls suggeriert: Eine seiner Statuen wurde nachts in einen Ledersack gehüllt, Cass. Dio. 62,16,1; vgl. Suet. *Nero* 45,2.
[178] Stesich. *fr*. 236 PMG; Akusilaos FGrHist 2 F 33; Apollod. 3,30. KÜHR 2006, 297.
[179] Ov. *met*. 3,138-252; Apollod. 3,30-31.
[180] Tac. *ann*. 15,44,5.
[181] Suet. *Nero* 21,1.
[182] Tac. *ann*. 15,44,5: *hortos suos ei spectaculo Nero obtulerat et circense ludicrum edebat, habitu aurigae permixtus plebi vel curriculo insistens*.
[183] Tac. *ann*. 15,44,5. Vgl. COOK 2010, 73: „[…] Nero wanted to provide the crowds with the most varied entertainment possible".

die eigene Person ins Zentrum allgemeiner Aufmerksamkeit und Bewunderung zu rücken bemüht war: sei es die Inszenierung des Muttermordes in einem Schiff, das so konstruiert war, dass es auf hoher See auseinanderbrechen musste,[184] sei es der Troia-Gesang angesichts der brennenden *Urbs*,[185] die Errichtung der gewaltigen *domus aurea*[186] oder der Empfang des parthischen Prinzen Tiridates zu Rom im Jahr 66 (den auch Sueton zu Neros *spectacula* rechnet).[187] Nero reihte, so scheint es, während seiner Herrschaft ein *spectaculum* an das nächste, er „machte das Leben zum Theater".[188]

Dass dabei zunehmend Mythos und Realität ineinanderflossen, habe ich an anderer Stelle zu zeigen versucht:[189] Dieser Sachverhalt manifestiert sich insbesondere in den Rollen, in denen der Kaiser auftrat und die in zunehmender Weise sein eigenes Leben sowie seine Taten in mythischen Spiegelungen transzendierten: Vom *Hercules insanus* und den darin enthaltenen Bezugnahmen auf Verwandtenmorde in der engsten Familie war bereits die Rede; als *Oedipus excaecatus* (*Der geblendete Oedipus*) reflektierte Nero das Gerücht, er habe wie Oedipus eine inzestuöse Beziehung zur eigenen Mutter gepflegt;[190] insbesondere aber seine Auftritte als *Orestes matricida* (*Der Muttermörder Orestes*) – der Archetypus eines Muttermörders – mussten aufhorchen lassen.[191] Cassius Dio hält fest, dass zu Neros Lieblingsrollen jene des Oedipus, Thyestes, Herakles und des Alkmeon gehörten – eine grausige Aufzählung von Verwandtenmördern.[192] Dass diese Selbstbespiegelung eigener Untaten im

---

[184] Tac. *ann.* 14,3-9; Suet. *Nero* 34; Cass. Dio 62,12-14. Vgl. EDWARDS 1994, 92 („inspiration from the theatre. […] Agrippina's theatrical death").

[185] Tac. *ann.* 15,39,3; Suet. *Nero* 38,2; Cass. Dio 62,18,1.

[186] Dazu GRIFFIN 1984, 125-142; BERGMANN 1993; BALL 1994; 2003; WINTERLING 1999, 65-70; CHAMPLIN 2003, 178-209; MOORMANN 2003; WALDHERR 2005, 219-225.

[187] Vgl. Suet. *Nero* 13,1: *non immerito inter spectacula ab eo edita et Tiridatis in urbem introitum retulerim*. Zu dieser Inszenierung vgl. vor allem auch Cass. Dio 63,1-7.

[188] MALITZ 2004, 161.

[189] Vgl. MEIER 2008.

[190] Vgl. Suet. *Nero* 28,2; Tac. *ann.* 14,2. Daneben s. auch Tac. *ann.* 14,9,1; Suet. *Nero* 34,3; Cass. Dio 62,11,4; 62,14,2; Aurel. Vict. *Caes.* 5,8. CHAMPLIN 2003, 101-103.

[191] Vgl. CHAMPLIN 2003, 96-101.

[192] Cass. Dio 63,9,4; vgl. 63,22,6 ; Suet. *Nero* 21,3.

Mythos durchaus als solche wahrgenommen wurde, bezeugen im Übrigen einige Spottverse, die Sueton überliefert.[193] Ausgerechnet mit dieser Form des Spotts soll Nero ausgesprochen milde umgegangen sein.[194] Cassius Dio merkt zudem an, dass die männlichen Masken, in denen Nero auftrat, teils die Züge der dargestellten Charaktere, teils seine eigenen abbildeten; seine weiblichen Masken hätten hingegen stets das Gesicht der verstorbenen Poppaea evoziert.[195] Sueton wiederum behauptet, die Masken der mythischen Gestalten hätten die Gesichtszüge des Kaisers und seiner Gespielinnen getragen.[196] Die Grenzen zwischen Darstellern und Dargestellten wurden jedenfalls systematisch verwischt, so dass es nicht verwundert, dass schließlich offenbar auch Nero selbst Schwierigkeiten damit hatte, die Sphären präzise voneinander zu trennen.[197] Nach Agrippinas Ermordung jedenfalls sollen ihn Angstzustände und Alpträume ge-

---

[193] Suet. *Nero* 39,2: Νέρων Ὀρέστης Ἀλκμέων μητροκτόνος („Nero, Orest, Alkmeon: Muttermörder!"; Cass. Dio 62,16,2², bezeugt diesen Vers in leicht abgewandelter Form [μητροκτόνοι statt μητροκτόνος] als häufig anzutreffendes Grafitto in Rom); νεόψηφον· Νέρων ἰδίαν μητέρα ἀπέκτεινε („Neu gerechnet: Nero hat die eigene Mutter umgebracht!"), dazu vgl. BÜCHELER 1906; *quis negat Aeneae magna de stirpe Neronem? / sustulit hic matrem, sustulit ille patrem* („Wer wollte leugnen, dass Nero aus der großen Familie des Aeneas stammt? Dieser *sustulit* seine Mutter, jener *sustulit* seinen Vater ") – der Vers ist im Deutschen nicht adäquat wiederzugeben da *tollere* sowohl ‚beseitigen' (im Fall Neros) als auch ‚hochheben' bedeuten kann (letzteres bezieht sich auf Aeneas, der – als Exempel besonderer *pietas* – seinen Vater auf seinen Schultern aus dem brennenden Troia trug). Vgl. auch Suet. *Nero* 39,3; Cass. Dio 62,18,4. Das Nero-Orest-Motiv nimmt Iuv. 8,211-230, auf, vgl. daneben auch Ps.-Lukian. *Nero* 10. CHAMPLIN 2003, 91 f.
[194] Suet. *Nero* 39,2.
[195] Cass, Dio 63,9,5.
[196] Suet. *Nero* 21,3. Vgl. SLATER 1996, mit Hinweis auf die Assoziationen an Totenmasken, die Neros Praxis evozieren musste.
[197] In diesem Sinne etwa auch CHAMPLIN 2003, 96: „Nero *was* Orestes the matricide, Orestes was Nero; Nero *was* Oedipus, the man who had killed his father and married his own mother". Die Selbstbezogenheit der vom Kaiser präsentierten mythischen Inszenierungen unterscheidet diese von jenen seiner Nachfolger, die zwar im Kontext von Exekutionen das von Nero eingeführte Spiel mit mythischen Hintergründen aufgriffen – COLEMAN 1990, 67, weist darauf hin, dass diese Praxis in der 2. Hälfte des 1. Jh. ihren Höhepunkt fand –, dabei aber die Distanz zu ihrer eigenen Person wahrten.

plagt haben,[198] so sehr, dass er durch ein Opfer der Magier die Totengeister (*Manes*) auszutreiben suchte[199] – fühlte er sich in ähnlicher Weise von den Erinnyen (*Furiae*)[200] verfolgt wie Orest, der mythische Archetypus des Muttermörders? Dazu fügt sich immerhin die Behauptung Cassius Dios, wonach der Kaiser auf seiner Griechenland-Reise Athen „wegen der Geschichte mit den Erinnyen" nicht besucht habe;[201] Sueton zufolge mied er die eleusinischen Mysterien als einer jener *impii et scelerati*, die von der Initiation ausgeschlossen waren.[202]

Führt man sich diesen Sachverhalt vor Augen, so dürften sich auch die mythischen Hintergründe der *quaesitissimae poenae* erschließen, mit denen Nero die Anhänger des Chrestus/Christus zu Tode quälte. Hier finden wir bereits jenes Pendeln zwischen Mythos und Realität, das Ineinanderwachsen der Sphären sowie die Selbstbetrachtung im mythischen Spiegel, wodurch die kaiserlichen Bühnenauftritte der letzten Jahre gekennzeichnet waren – in diesem Fall freilich eingefasst in eine weitere jener spektakulären Inszenierungen, an denen die Herrschaftszeit Neros so reich war. In den Christenverfolgungen bespiegelte Nero sich selbst und sein eigenes Handeln vor großem Publikum; die Christenverfolgungen stellten somit eine weitere Facette des neronischen Künstlertums dar. Dabei ging es freilich – anders als Edward CHAMPLIN mutmaßt – wohl nicht um Versuche, die eigenen Taten durch die Evokation mythischer Vorbilder zu rechtfertigen[203] und dadurch neue Legitimation zu gewinnen; wäre dies der Fall gewesen, dann wäre das über die Allusion hinausgehende Transzendieren von Realität und der mythischen Welt nicht erklärlich und Nero hätte sich in Griechenland nicht ostentativ als von den Erinnyen verfolgter Schuldbeladener gerieren müssen. Auch das gezielte Spiel mit den Gesichtszügen der eigenen Opfer in den bei Bühnenauftritten verwendeten Masken wäre dem Bemühen um Legitimation wohl

---

[198] Suet. *Nero* 34,4; 46,1; Cass. Dio 62,14,4; vgl. Tac. *ann.* 15,36,2.
[199] Suet. *Nero* 34,4.
[200] Vgl. Suet. *Nero* 34,4.
[201] Cass. Dio 63,14,3: διὰ τὸν περὶ τῶν Ἐρινύων λόγον.
[202] Suet. *Nero* 34,4.
[203] Vgl. CHAMPLIN 2003, 84-111, bes. 110 f.

kaum zuträglich gewesen, sondern musste für das Publikum eine zusätzliche Provokation bedeuten. Nero ging es offenkundig um anderes: um sich selbst und sein allmähliches Eindringen in den zeitlosen Raum des Mythos, um höchste, nicht einmal von Herrschern erreichbare Prominenz an der Seite der vermeintlichen Archetypen seines eigenen Handelns, die er im performativen Akt erfahrbar machte und allseits sichtbar evozierte. Nero präsentierte sich nicht als mythischer Heros, sondern er *war* ein mythischer Heros.

Grundsätzlich stand der Kaiser in seinem Bemühen um Selbstinszenierung freilich nicht allein – wenngleich keiner der Zeitgenossen sich ähnlich exzessiv gebärdete: Auch Seneca scheint zumindest in seiner Tragödie *Thyestes*, einer subtilen Reflexion neronischer Theaterinszenierungen im metatheatralischen Spiegel, den eigenen Lebensweg vom Exil in Korsika in die Welt des Palastes und seiner mörderischen Intrigen sowie das Ringen mit dem blutgierigen *scaenicus imperator* mythisch bespiegelt zu haben,[204] und für seinen Neffen, den Epiker Lucan, lassen sich

---

[204] Zu Senecas *Thyestes* vgl. umfassend BOYLE 2017, der das Drama als „metatheatrical mirror" liest (CV-CXIII) und dabei insbesondere auch die auf Seneca und Nero bezogene biographische Lesart reflektiert, vgl. CXIIf.: „As for Seneca himself, both agent and victim of the violence of Nero's court, this spiritual fission seems index of his life. Biographical readings of literary and dramatic texts have for a long time been unfashionable – and to a large extent justifiably so. But recent biographies of Seneca have begun to restore the fashion, at least in the case of the Cordovan playwright. Certainly the situational similarities between the dramatis personae and events of this play and those of Seneca's own lived experience, as reported by himself and other writers (most especially Tacitus), draw reader and audience towards seeing aspects of Seneca in the Courtier and Thyestes and aspects of Nero in Atreus. [...] Indeed, given the probable lateness of the play's composition, the portrait of Thyestes may even be construed as Senecan self-admonition – against a second return to court from 'retirement'"; vgl. ferner ebd., 241 f. BUCKLEY 2013, 217 f., betont den impliziten römischen Rahmen des *Thyestes*, TORRE 2017, 141, spricht vom „nexus between politics and tragedy" und deutet Senecas Dramen – insbesondere den *Thyestes* – „as reflections on the aethetics of tyranny" (142). Die biographische Deutung des *Thyestes* wird besonders von ROMM 2018, 218-221, vertreten; auch WILSON 2018, 158, merkt an, dass „the brilliant and terrifying *Thyestes* [...] can be read as an extensive, deeply pessimistic meditation on Seneca's service to he emperor", und gibt im Folgenden entsprechende Interpretationsbeispiele zu einzelnen Szenen (158-162). Vorsichtiger ist SCHIESARO 2003. *Scaenicus imperator*: Plin. *pan.* 46,4.

Indizien beibringen, die in eine ähnliche Richtung weisen.[205] Was für die breiten Massen wie eine attraktive, wenngleich eigentümliche Form aristokratischer Selbstbeleuchtung wirken musste, war jedoch weit mehr. Denn in der mythischen Autoreflexion wurden offenbar (mehr oder weniger) subtil codierte Botschaften kommuniziert – zumindest konnten entsprechende Vorgänge in dieser Weise verstanden werden. Nicht ohne Grund soll Domitian den jüngeren Helvidius Priscus hingerichtet haben, weil dieser ihm mit seinen offenbar nicht allzu feinsinnig verpackten Andeutungen in einer mythologischen Tragödie zu weit gegangen war,[206] und schon im Jahr 34 war dem Aemilius Scaurus Mamercus sein Drama *Atreus* zum Verhängnis geworden, in dem Tiberius sich selbst wiedererkannt hatte.[207] Der Grat, auf dem man sich bewegte, war schmal, aber er ließ sich insbesondere für jene beschreiben, die sich in der überlegenen Position wähnten und keine unmittelbaren Sanktionen zu befürchten hatten. Insofern war dem mythischen Exempel häufig auch eine politische Botschaft inhärent, die sich an eine kleine Gruppe von Adressaten richtete, die für entsprechende Subtilitäten sensibilisiert war, während sich die Massen an den Oberflächlichkeiten der Inszenierungen delektieren konnten: Aktaion wurde zerrissen, weil er eine Göttin nackt, d. h. im intimsten Moment, beobachtet und sich dadurch mit ihr auf dieselbe Stufe gestellt hatte – ein Akt der Anmaßung, der Konsequenzen zeitigen musste. Gegenüber dem mit einer göttlichen Aura umgebenen Herrscher – und als solchen präsentiert Seneca Nero in der Schrift *De clementia*[208] – hatte man also in ähnlicher Weise Vorsicht walten zu lassen, und insbesondere senatorische Zeugen der Geschehnisse werden dies registriert haben. Das zunehmend zerrüttete Verhältnis zwischen Kaiser und Senat in den 60er

---

[205] Lucan verfasste ein Gedicht *De incendio urbis*, das allerdings nicht mehr erhalten ist, vgl. Vacca, *Vita Lucani* (= C. HOSIUS [Ed.], M. Annaei Lucani De Bello Civili Libri X, Leipzig 1892, p. 336). Nero untersagte im Jahr 65 die Verbreitung der Dichtungen Lucans – angeblich aus Eifersucht, Tac. *ann.* 15,49,3. Wenig später wurde der Dichter im Kontext der Pisonischen Verschwörung zum Selbstmord gezwungen, Tac. *ann.* 15,70.

[206] PIR² H 60. Vgl. Suet. *Dom.* 10,4; vgl. Plin. *epist.* 3,11,3.

[207] Tac. *ann.* 6,29,3-4; Cass. Dio 58,24,3-4.

[208] Vgl. Sen. *clem.* 1,1,2; 1,5,7; 1,7,1-2; 1,8,3; 1,19,9; 1,21,2. Einführend dazu s. BRAUND 2009.

Jahren[209] bietet einen plausiblen Hintergrund für entsprechende Botschaften, die sich durchaus als Warnungen verstehen ließen.

Vor diesem Hintergrund sei der Blick auf einen Aspekt der spätantiken Nero-Tradition gelenkt, der möglicherweise dazu beitragen kann, diese Spuren noch weiterzuverfolgen (ohne dass sich dabei freilich sicherer Grund gewinnen ließe). In der *Weltchronik* des Johannes Malalas aus dem 6. Jahrhundert findet sich ein ausführliches Kapitel zu Nero und den Christen,[210] in dem der Kaiser jedoch keineswegs als Christenfeind oder gar Verfolger dargestellt wird – im Gegenteil: Nero, so liest man, habe sich in besonderem Maße für Christus interessiert und daher Nachforschungen über sein Wirken anstellen lassen.[211] Die Einzelheiten dieses Kapitels, das eine eigene Behandlung verdienen würde,[212] können hier außer Betracht bleiben. Hervorzuheben sind in unserem Zusammenhang lediglich zwei Aspekte: Zum einen sollen die kaiserlichen Bemühungen, so der Chronist, dazu beigetragen haben, den Aufstand in Judaea auszulösen.[213] Mit dieser Verbindung zwischen dem Christen-Thema und jüdischen Interessen bestätigt Malalas – ganz unabhängig von den schwer einzuordnenden Einzelheiten seiner Darstellung – indirekt unsere These, dass Nero, indem er gegen die Chrestus/Christus-Leute vorging, offenbar lediglich eine jüdische Splittergruppe zu maßregeln glaubte und dadurch möglicherweise Spannungen zwischen römischen Autoritäten und den Juden forciert hat. Zum anderen legt der Chronist – wiederum im Kontext der Christenthematik – offenkundig größeren Wert darauf zu betonen, dass es sich bei Nero um einen Epikureer gehandelt habe.[214] Diese Aussage wirft Fragen auf. Spiegeln sich darin möglicherweise Reflexe eines Vorgehens gegen einzelne prominente Stoiker – die klassischen Antipo-

---

[209] Dazu s. etwa GRIFFIN 1984, 89-94; 164-182; DRINKWATER 2019, 21-29; 93-97, der das Verhältnis zwischen Nero und dem Senat bis zu Neros Tod für weitgehend unbelastet hält.
[210] Malal. 10,30-38 p. 189,70-194,31 THURN.
[211] Malal. 10,30 p. 189,74-78 THURN.
[212] Eine solche habe ich vor einiger Zeit vorgenommen, vgl. MEIER 2010.
[213] Malal. 10,38 p. 194,24-31 THURN.
[214] Malal. 10,30 p. 189,78-79 THURN.

den der Epikureer –, so etwa Thrasea Paetus,[215] seinen Schwiegersohn Helvidius Priscus[216] oder auch Seneca?[217] Müsste man dann – rückgespiegelt etwa auf die Aktaion-Inszenierung – die in mythischen Codes vermittelten Kommunikationsakte während der Christenverfolgung gar direkt auf spezifische stoisch geprägte Adressaten beziehen? Es ist jedenfalls auffällig, dass Tacitus direkt im Anschluss an sein Christenkapitel vom Rückzug Senecas und einem mutmaßlichen Giftanschlag Neros auf den Philosophen berichtet.[218] Man wird an diesem Punkt kaum über Spekulationen hinausgelangen, doch bleibt auffällig, dass sich das Gerüst der Nero-Darstellung bei Malalas, soweit es die Christenthematik betrifft, auffällig geschmeidig zu unseren bisher erzielten Ergebnissen fügt: dass Nero grundsätzlich glaubte, gegen eine kleine Gruppe innerhalb des Judentums vorzugehen und dass er diese Maßnahmen für indirekte Kommunikationsakte mit stadtrömischen Aristokraten instrumentalisierte.

Wie seinem Vorgänger Claudius ging es also auch Nero nicht um die Chrestus/Christus-Leute als *Christen*; vielmehr versetzte ausgerechnet

---

[215] PIR² C 1187. Thrasea Paetus, der seinen Unmut gegenüber Neros Regime bei mehreren Gelegenheiten demonstriert hatte (v.a. Tac. *ann.* 14,12,1; Cass. Dio 62,15: Nach dem Muttermord im Jahr 59 verlässt er demonstrativ den Senat – zusammenfassend Tac. *ann.* 16,21,1), wurde im Jahr 66 zum Selbstmord gezwungen, vgl. Tac. *ann.* 16,21-22-35; Suet. *Nero* 37,1; Cass. Dio 62,26.

[216] PIR² H 59. Helvidius Priscus wurde im Jahr 66 aus Italien verbannt, Tac. *ann.* 16,33,2.

[217] Den von Nero anbefohlenen Selbstmord Senecas und die Art, wie dieser sein Ende angeblich inszeniert haben soll, beschreibt ausführlich Tac. *ann.* 15,60,2-15,64,4. Zuletzt dazu ROMM 2018, 235-242. Es soll an dieser Stelle nicht die längst widerlegte These einer kohärenten und organisierten senatorischen ‚Widerstandsbewegung', die in der Forschung lange unter dem Etikett einer „stoischen Opposition" verhandelt wurde, wiederbelebt werden. Wohl aber wurde Nero mit einzelnen Senatoren konfrontiert, die sich an stoischen Maximen orientierten und ihr Missfallen mit Elementen der kaiserlichen Politik verschiedentlich mehr oder weniger zum Ausdruck brachten. Neben Seneca, der sich in den 60er Jahren zunehmend Nero entfremdete, wären in diesem Zusammenhang etwa zu nennen: Thrasea Paetus (s. o.), Helvidius Priscus (s. o.), Rubellius Plautus (PIR² R 115), Marcius Barea Soranus (PIR² B 55); verbannt wurde darüber hinaus der stoische Philosoph Musonius Rufus (Tac. *ann.* 15,71,4).

[218] Tac. *ann.* 15,45,3. Dass Tacitus nicht direkt im Christenkapitel senatorische oder stoisch geprägte Reaktionen auf Neros Maßnahmen anführt, mag mit seiner eigenen Abneigung gegen die Christen zusammenhängen, mit denen man seiner Ansicht nach kein Mitleid zeigen durfte.

die mangelnde Fähigkeit, zwischen Juden und Christen zu differenzieren, die Kaiser und ihre Amtsträger in die Lage, gegen eine überschaubare Gruppe aus sehr unterschiedlichen, weitgehend situativ erklärbaren Motiven vorzugehen, und es war gerade diese Überschaubarkeit, welche die frühen Christen zu einem idealen Gegenstand für eines der zahlreichen neronischen *spectacula* machte: Die Gruppe war zu klein, um ernsthaften Widerstand erwarten zu lassen, ihre Mitgliederzahl war sogar derart gering, dass niemand sie vermissen würde – am wenigsten die anderen Juden, die – das wusste man seit den Zeiten des Claudius – offenbar wiederholt am Kaiserhof Beschwerde über die Chrestus/Christus-Leute führten und dadurch – aus römischer Perspektive – auf Unruhen innerhalb der eigenen Gemeinden aufmerksam machten. Schließlich waren die *Chrestiani*, wie Tacitus erkennen lässt (wie wir aber auch Sueton und Plinius d. J. entnehmen können), als aufrührerische innerjüdische Gruppe beim Volk ebenso unbeliebt wie (später?) in senatorischen Milieus.[219] Damit stellten sie ein geradezu ideales Objekt für eine effektvolle Inszenierung dar, welche Nero die Möglichkeit verschaffte, sich als das zu präsentieren, als das er sich eigentlich sah: als überragender Künstler, der sich nunmehr daran begab, sein eigenes Wirken im Reflexionsraum des Mythos zu spiegeln – und darin allmählich aufgehen zu lassen.

---

[219] Vgl. Tac. *ann.* 15,44,2 (*[...] quos per flagitia inuisos uulgus Chrestianos appellabat*); 15,44,3 (*exitiabilis superstitio*); 15,44,5 (*unde quamquam aduersus sontes et nouissima exempla meritos miseratio oriebatur*); Plin. *epist.* 10,96,2 (*flagitia cohaerentia nomini*); 10,96,8 (*nihil aliud inueni quam superstitionem prauam, immodicam*); 10,96,9 (*superstitionis istius contagio*); Suet. *Nero* 16,2 (*genus hominum superstitionis nouae ac maleficae*).

V. Zusammenfassung

Ausgangspunkt unserer Überlegungen war die pointierte und bewusst zugespitzt vorgetragene These, es habe unter Nero, der allgemein als erster *persecutor* gilt, keine Christenverfolgung gegeben – eine These, mit der Brent SHAW im Jahr 2015 kontroverse Diskussionen ausgelöst hat, die bis heute anhalten. Diese Debatte bot einen geeigneten Anknüpfungspunkt für eine Neuevaluation des Problems der neronischen Christenverfolgungen, nicht zuletzt auch im Licht der Ergebnisse, die Tassilo SCHMITT in den Jahren 2011 und 2012 zur Problematik einer Verbindung der Verfolgung mit dem großen Brand Roms und zu den von Nero ausgewählten Hinrichtungsmethoden erzielt hat.

Die neronische Christenverfolgung, so die hier gezogene Schlussfolgerung, muss gegen SHAW weiterhin als historisches Ereignis betrachtet werden. Sie sollte allerdings in anderen Kontexten verortet werden, als es bisher geschehen ist. Denn Nero ging es offenbar weniger um die Bekämpfung der Christen und des Christentums – davon nämlich konnte er noch keinen Begriff und keine Vorstellung haben – als vielmehr um Maßnahmen gegen eine kleine, unruhige Gruppe innerhalb des Judentums, die (wenngleich in sehr geringem Ausmaß) den Frieden innerhalb der Hauptstadt zu gefährden drohte. Bei den Opfern seiner Verfolgung dürfte es sich um dieselbe Gruppe gehandelt haben, die bereits Claudius im Jahr 49 aus Rom ausgewiesen hatte – sogenannte *Chrestiani* (die auch von Tacitus noch so genannt werden), die als Anhänger eines (mit Jesus Christus zu identifizierenden) Chrestus galten, welcher unter Tiberius als politischer Aufrührer hingerichtet worden war. Diese *Chrestiani* müssen sowohl Claudius als auch Nero als jüdische Splittergruppe gegolten haben. Als eigenständige, von den Juden zu differenzierende Gruppierung jedenfalls können sie von den römischen Autoritäten noch nicht wahrgenommen worden sein, da die Römer bis in die 60er Jahre des 1. Jahrhunderts (und vielleicht auch noch länger) noch keinen präzisen Begriff für das neuartige Phänomen geprägt hatten. Eine solche Wortbildung dürfte erst allmählich im Osten erfolgt sein, vermutlich im Kontext von Prozessen oder Maßnahmen gegen Christen. Wann der Terminus Χριστιανός/*Christianus* nach Rom diffundiert ist, lässt sich nicht mehr sicher ausmachen; für die neronische Zeit ist er jedenfalls sicherlich anachronistisch, und wenn Tacitus ihn dennoch verwendet, so handelt es sich dabei um eine Rückprojektion aus dem frühen 2. Jahrhundert, als er in senatorischen und diesen nahestehenden Milieus bereits bekannt war, wie Plinius d. J. und Sueton bezeugen.

Die sich langsam in Rom entfaltende christliche Gemeinde scheint – wie es andernorts auch dokumentiert ist (*Apostelgeschichte*) – im Umfeld der Synagogen, wo christliche Missionare predigten, für Unruhen und Aufruhr gesorgt zu haben. Anzunehmen ist, dass die antijüdischen Maßnahmen des Claudius – zunächst (41) ein Versammlungsverbot, dann (49) die Ausweisung aus Rom – auf diese Unruhen reagierten. Freilich waren die Christen damals noch nicht zahlreich genug, um von sich aus die Aufmerksamkeit römischer Amtsträger auf sich zu lenken; anzunehmen ist vielmehr, dass Juden – die einzigen, die in Rom bereits präzisere Vorstellungen von den Christen besessen haben können – sich über die sektiererische Gruppe bei den Autoritäten, vielleicht direkt beim Kaiser, beklagt haben, worauf dieser freilich sehr pauschal reagierte, indem er gegen *sämtliche* Juden vorging, da er die Angelegenheit als eine innerjüdische betrachtete. Fragt man nach den möglichen Vermittlern der jüdischen Klagen an den Kaiser, so kommt nicht zuletzt die Philon-Gesandtschaft in Betracht; ein Zusammenhang zwischen dem von Claudius verhängten Versammlungsverbot für Juden in Rom sowie seiner brieflich dokumentierten, den Juden gegenüber recht harschen Reaktion auf die antijüdischen Pogrome in Alexandreia ist jedenfalls nicht unwahrscheinlich.

Waren die Kaiser der julisch-claudischen Dynastie offenkundig noch nicht in der Lage, klar zwischen Juden und Christen zu differenzieren, so besaßen letztere schon recht früh eine eigene Identität (wenngleich unklar ist, seit wann sie sich selbst Christen nannten). Deutlich wird dies im sogenannten *1. Clemensbrief*, der vermutlich aus der Spätzeit Domitians († 96) datiert. Die dort geschilderten Martern und Hinrichtungen christlicher Frauen als Danaiden und Dirken können sich nur auf die neronische

Christenverfolgung beziehen. Dass der Verfasser des Briefes diese – anders als Tacitus – nicht mit dem Brand Roms im Jahr 64 in Verbindung bringt, kann durchaus als signifikant angesehen werden. Denn tatsächlich lässt sich in der gesamten christlichen Apologetik und auch in anderen Texten – etwa bei Sueton oder Cassius Dio – nicht ein einziger Hinweis darauf finden, dass Christen als Brandstifter beschuldigt und aus diesem Grund hingerichtet worden sein sollen. Weder Christen noch ihre Gegner und auch Zeitgenossen, die nicht in entsprechende Kontroversen verwickelt waren, wussten offenbar irgendetwas von einem angeblich gegen die Christen gerichteten Vorwurf der Brandlegung. Dieser begegnet allein bei Tacitus (und wird von diesem ausdrücklich als falsch gekennzeichnet: *subdidit reos*), und es erscheint plausibel, dass es sich bei dem Zusammenhang zwischen dem Brand Roms und der Christenverfolgung um ein Konstrukt des Historiographen handelte. Es diente dazu, die Gestalt des ‚Tyrannen' Nero noch einmal in besonderer Weise zu verfinstern. Dazu lässt Tacitus zum einen das – ohnehin nur in senatorischen Milieus zirkulierende – Gerücht, wonach der Kaiser die Stadt in Brand gesteckt haben soll, machtvoll aufleben; zum anderen lässt er den ‚Tyrannen', der dadurch zwar nicht explizit als Brandstifter gekennzeichnet, wohl aber implizit stigmatisiert wird, überreagieren, indem er mit ausgesuchtesten Martern (*quaesitissimis poenis*) die *Chrestiani* zu Tode peinigt und damit selbst für verachtenswerte Kreaturen Mitleid provozierte. Tacitus ging es in seinem Christenkapitel somit nicht um die Christen, sondern um Nero. Nero wiederum ging es bei den Maßnahmen ebenfalls nicht um die Christen, sondern um sich selbst. Denn da seine Verfolgung offenkundig nichts mit dem Brand Roms zu tun hatte, muss man nach alternativen Handlungsmotiven gegenüber der Abwehr des Brandstiftergerüchts fahnden. Man findet diese in seinem Hang zu großartigen Inszenierungen und Spektakeln: Indem Nero die Christen wegen ihres *odium humani generis* (und nicht wegen Brandstiftung!) zu Tode martern ließ, konnte er sich, wie Tassilo SCHMITT zu Recht herausgearbeitet hat, als vollendeter Philanthrop inszenieren und damit eine zentrale Herrschertugend zelebrieren. Die Christenverfolgung reiht sich somit ein in die lange Serie der groß angelegten neronischen *spectacula*, und die Christen boten sich dem Kaiser als perfekte Opfer – waren sie doch in allen relevanten gesellschaftlichen Gruppen als vermeintlich aufrührerische jüdische Splittergruppe gleichermaßen unbeliebt.

Eine besondere Eigentümlichkeit stellt freilich die Art und Weise dar, wie Nero die Christen hinrichten ließ – das, was Tacitus als *quaesitissimae poenae* kennzeichnet. Offenkundig sollten die Martern und Exekutionen bestimmte Mythen bei den Zuschauern evozieren: Dirke, die Danaiden, Aktaion und die Selbstverbrennung des Herakles. Gemeinsam ist all diesen Mythen, dass sie das Thema des Verwandtenmords reflektieren. Dies wiederum fügt sich zu den Rollen, in denen Nero bevorzugt auf der Bühne auftrat – und unweigerlich mussten sich so Assoziationen zu den Mordtaten, für die der Kaiser verantwortlich zeichnete, einstellen. Bei den Hinrichtungen der Christen im mythischen Gewand handelte es sich also um weit mehr als um eine reine Inszenierung; vielmehr erfolgte eine Transzendierung von Realität und Mythos – ganz analog zu den kaiserlichen Bühnenauftritten. Wichtig ist dabei zu betonen, dass sich keine Hinweise darauf beibringen lassen, dass Nero sich auf diese Art und Weise besonders habe legitimieren wollen (auch dies in Analogie zu seinen bewusst provokativ gehaltenen Bühnenauftritten); es ist eher davon auszugehen, dass der Kaiser, für den – wie aus der Überlieferung hervorgeht – Realität und Mythos zunehmend miteinander verschmolzen, sich selbst als Akteur in einem mythischen Handlungsrahmen sah.

Diese Form der Selbstinszenierung knüpfte an Tendenzen an, die auch andernorts im Kontext der frühkaiserzeitlichen Aristokratie aufblitzen – freilich nicht in der von Nero übersteigerten Form der Selbsttranszendierung. Die Selbstreflexion im Mythos begegnet jedenfalls nicht zuletzt auch bei Seneca, und vor allem dessen späte Tragödie *Thyestes* weist ein entsprechendes Deutungspotential auf. Römische Aristokraten, so scheint es, benutzten den Mythos, um Botschaften zu übermitteln und sich selbst in je bestimmter Weise zu präsentieren. Nicht auszuschließen ist, dass Nero diese subtile Form der Kommunikation aufgegriffen und auch in den Hinrichtungen der Christen praktiziert hat. Je nachdem, wie viel Gewicht man der spätantiken Überlieferung beimisst, könnte sich diese These sogar soweit zuspitzen lassen, dass der Kaiser dabei direkt auf stoisch beeinflusste Adressaten innerhalb der römischen Senatorenschaft gezielt haben könnte. Dies muss freilich unbewiesen im Raum stehen bleiben.

LITERATUR

M. G. ALBIANI, Lukillios, DNP 7 (1999), 503

L. F. BALL, A Reappraisal of Nero's *Domus Aurea*, in: L. LA FOLETTE et al. (Hgg.), Rome Papers: The Baths of Trajan Decius, Iside e Serapide nel Palazzo, a Late Domus on the Palatine and Nero's Golden House, Ann Arbor 1994, 182-254

L. F. BALL, The Domus aurea and the Roman Architectural Revolution, Cambridge 2003

J. M. G. BARCLAY, Jews in the Mediterranean Diaspora. From Alexander to Trajan (323 BCE – 117 CE), Edinburgh 1996

T. D. BARNES, Early Christian Hagiography and Roman History, Tübingen ²2016

A. A. BARRETT / E. FANTHAM / J. C. YARDLEY, The Emperor Nero. A Guide to the Ancient Sources, Princeton/Oxford 2016

Sh. BARTSCH / K. FREUDENBURG / C. LITTLEWOOD (Hgg.), The Cambridge Companion to the Age of Nero, Cambridge 2017

G. BAUDY, Die Brände Roms. Ein apokalyptisches Motiv in der antiken Historiographie, Hildesheim u. a. 1991

M. BERGMANN, Der Koloß Neros, die Domus Aurea und der Mentalitätswandel im Rom der frühen Kaiserzeit, Trierer Winckelmannsprogramme 13 (1993), 2-37

W. BERGMANN / Chr. HOFFMANN, Kalkül oder Massenwahn? Eine soziologische Interpretation der antijüdischen Unruhen in Alexandria 38 n. Chr., in: R. ERB / M. SCHMIDT (Hgg.), Antisemitismus und jüdische Geschichte. Studien zu Ehren von Herbert A. Strauss, Berlin 1987, 15-46

J. A. BERNHARD, Danaiden, in: W. H. ROSCHER (Hg.), Ausführliches Lexikon der griechischen und römischen Mythologie, Bd. I.1, Leipzig 1886, 949-952

H. BERVE, Die Tyrannis bei den Griechen, Bd. 1, München 1967

E. J. BICKERMAN, The Name of the Christians, HThR 42 (1949), 109-124

R. S. BLOCH, Antike Vorstellungen vom Judentum. Der Judenexkurs des Tacitus im Rahmen der griechisch-römischen Ethnographie, Stuttgart 2002

J. BOMAN, Inpulsore Cherestro? Suetonius' *Divus Claudius* 25.4 in Sources and Manuscripts, Liber Annuus 61 (2011), 355-376

J. W. Ph. BORLEFFS, Institutum Neronianum, VigChr 6 (1952), 129-145

H. BOTERMANN, Das Judenedikt des Kaisers Claudius. Römischer Staat und *Christiani* im 1. Jahrhundert, Stuttgart 1996

A. J. BOYLE, Seneca. *Thyestes*. Edited with Introduction, Translation, and Commentary, Oxford 2017

S. BRAUND, Seneca, *De clementia*. Edition with Translation and Commentary, Oxford 2009

H. Chr. BRENNECKE, Danaiden und Dirken. Zu 1 Cl 6,2, ZKG 88 (1977), 302-308

K. BRINGMANN, Geschichte der Juden im Altertum. Vom babylonischen Exil bis zur arabischen Eroberung, Stuttgart 2005

N. BROX, Der Hirt des Hermas. Übersetzt und erklärt, Göttingen 1991
F. BÜCHELER, Νεόψηφον, RhM 61 (1906), 307 f.
K. BÜCHNER, Tacitus über die Christen, Aegyptus 33 (1953), 181-192
E. BUCKLEY, Senecan Tragedy, in: BUCKLEY / DINTER 2013, 204-224
E. BUCKLEY / M. T. DINTER (Hgg.), A Companion to the Neronian Age, Malden/Oxford 2013

E. CHAMPLIN, Nero, Cambridge (Mass.)/London 2003
K. M. COLEMAN, Fatal Charades: Roman Executions Staged as Mythological Enactments, JRS 80 (1990), 44-73
J. G. COOK, Roman Attitudes Toward the Christians. From Claudius to Hadrian, Tübingen 2010

M. DIBELIUS, Rom und die Christen im ersten Jahrhundert, in: R. KLEIN (Hg.), Das frühe Christentum im römischen Staat, Darmstadt 1971, 47-105 (urspr. 1956)
J. DOCHHORN, Beliar als Endtyrann in der Ascensio Isaiae. Ein Beitrag zur Eschatologie und Satanologie des frühen Christentums sowie zur Erforschung der Apokalypse des Johannes, in: J. FREY et al. (Hgg.), Die Johannesapokalypse. Kontexte – Konzepte – Rezeption, Tübingen 2012, 293-315
J. DRINKWATER, Nero. Emperor and Court, Cambridge 2019

C. EDWARDS, Beware of Imitations: Theatre and the Subversion of Imperial Identity, in: J. ELSNER / J. MASTERS (Hgg.), Reflections of Nero. Culture, History & Representation, London 1994, 83-97

M. FIEDROWICZ, Die Christenverfolgung nach dem Brand Roms im Jahr 64, in: Rheinisches Landesmuseum Trier et al. (Hgg.), Nero. Kaiser, Künstler und Tyrann, Darmstadt 2016, 250-256
E. FLAIG, Wie Kaiser Nero die Akzeptanz bei der plebs urbana verlor. Eine Fallstudie zum politischen Gerücht im Prinzipat, Historia 52 (2003), 351-372
E. FLAIG, Die Imago des Kaisers und das Risiko für seine Akzeptanz. Überlegungen zum Nerobild beim Brand Roms, in: S. BÖNISCH-MEYER et al. (Hgg.), Nero und Domitian. Mediale Diskurse der Herrscherrepräsentation im Vergleich, Tübingen 2014, 265-282
W. H. C. FREND, Martyrdom and Persecution in the Early Church. A Study of a Conflict from the Maccabees to Donatus, Oxford 1965
M. FRENSCHKOWSKI, Nero, in: RAC 25 (2013), 839-878
H. FUCHS, Tacitus über die Christen, VigChr 4 (1950), 65-93

H. GIESEN, Die Offenbarung des Johannes. Übersetzt und erklärt, Regensburg 1997
M. J. G. GRAY-FOW, Why the Christians? Nero and the Great Fire, Latomus 57 (1998), 595-616

B. GREEN, Christianity in Ancient Rome: The First Three Centuries, London/New York 2010

M. GRIFFIN, Nero. The End of a Dynasty, London 1984

E. S. GRUEN, Diaspora. Jews amidst Greeks and Romans, Cambridge (Mass.)/London 2002

T. GRÜLL / L. BENKE, A Hebrew/Aramaic Graffito and Poppaea's Alleged Jewish Sympathy, Journal of Jewish Studies 62 (2011), 35-53

R. HANSLIK, Der Erzählkomplex vom Brand Roms und der Christenverfolgung bei Tacitus, WS 76 (1963), 92-108

N. HARTMANN, Martyrium. Variationen und Potenziale eines Diskurses im Zweiten Jahrhundert, Frankfurt a.M. u.a. 2013

A. HERMANN, Danaiden, RAC 3 (1957), 571-575

P. HOCHART, Études au sujet de la persécution des chrétiens sous Néron, Paris 1885

F. HOLZTRATTNER, Poppaea Neronis potens. Studien zu Poppaea Sabina, Graz/Horn 1995

K. HOPKINS, Christian Number and Its Implications, Journal of Early Christian Studies 6 (1998), 185-226

F. W. HORN, Das *Testimonium Flavianum* aus neutestamentlicher Perspektive, in: Chr. BÖTTRICH / J. HERZER (Hgg.), Josephus und das Neue Testament. Wechselseitige Wahrnehmungen, Tübingen 2007, 117-136

D. G. HORRELL, The Label Χριστιανός: 1 Peter 4:16 and the Formation of Christian Identity, JBL 2 (2007), 361-381

Chr. P. JONES, The Historicity of the Neronian Persecution: A Response to Brent Shaw, New Testament Studies 63 (2017), 146-152

P. KERESZTES, Nero, the Christians and the Jews in Tacitus and Clement of Rome, Latomus 43 (1984), 404-413

D. KIENAST, Der Brand Roms und die Christen, in: R. VON HAEHLING / O. VON VACANO / R. ZIEGLER (Hgg.), Dietmar Kienast. Kleine Schriften, Aalen 1994, 425-441

W. KINZIG, Christenverfolgung in der Antike, München 2019

Th. KLAUSER, Die römische Petrustradition im Lichte der neuen Ausgrabungen unter der Peterskirche, Köln/Opladen 1956

D.-A. KOCH, Geschichte des Urchristentums. Ein Lehrbuch, Göttingen ²2014

E. KOESTERMANN, Ein folgenschwerer Irrtum des Tacitus (ann. 15,44,2 ff.)?, Historia 16 (1967), 456-469

E. KOESTERMANN, Cornelius Tacitus. Annalen, Bd. 4: Buch 14-16. Erläutert und mit einer Einleitung versehen, Heidelberg 1968

J. KRÜGER, Der römische Kaiser Nero und seine Zeit, Köln/Weimar/Wien 2012

A. KÜHR, Als Kadmos nach Boiotien kam. Polis und Ethnos im Spiegel thebanischer Gründungsmythen, Stuttgart 2006

P. LAMPE, Die stadtrömischen Christen in den ersten beiden Jahrhunderten, Tübingen ²1989

B. VAN DER LANS, The Politics of Exclusion. Expulsion of Jews and Others from Rome, in: M. LABAHN / O. LEHTIPUU (Hgg.), People under Power. Early Jewish and Christian Responses to the Roman Empire, Amsterdam 2015, 33-77

B. VAN DER LANS / J. N. BREMMER, Tacitus and the Persecution of the Christians: An Invention of Tradition?, Eirene 53 (2017), 299-331

H. LEPPIN, Die frühen Christen. Von den Anfängen bis Konstantin, München 2018

A. LINDEMANN, Die Clemensbriefe, Tübingen 1992

H. E. LONA, Der erste Clemensbrief. Übersetzt und erklärt, Göttingen 1998

A. A. LUND, Zur Verbrennung der sogenannten *Chrestiani* (Tac. Ann. 15,44), ZRGG 60 (2008), 253-261

P. LUOMANEN, Nazarenes, in: A. MARJANEN / P. LUOMANEN (Hgg.), A Companion to Second-Century Christian „Heretics", Leiden/Boston 2005, 279-314

H. O. MAIER, Nero in Jewish and Christian Tradition from the First Century to the Reformation, in: BUCKLEY / DINTER 2013, 385-404

J. MALITZ, Die Historien des Poseidonios, München 1983

J. MALITZ, Nero, München 1999

J. MALITZ, Der Herrscher als Künstler, in: A. HARTMANN / M. NEUMANN (Hgg.), Mythen Europas. Schlüsselfiguren der Imagination. Antike, Regensburg 2004, 145-164

M. MEIER, „Qualis artifex pereo" – Neros letzte Reise, HZ 286 (2008), 561-603

M. MEIER, Nero, Traian und die Christen in der *Weltchronik* des Johannes Malalas, in: U. ROBERTO / L. MECELLA (Hgg.), Dalla storiografia ellenistica alla storiografia tardoantica: aspetti, problemi, prospettive. Atti del Convegno Internazionale di Studi. Roma, 23-25 ottobre 2008, Soveria Mannelli 2010, 239-263

M. MEIER, *Odium humani generis*. Tacitus, Nero und die Christen (zu Tac. *ann*. XV 44,4), MedAnt 15 (2012), 425-436

R. MERKER, Tigellinus. Im Dienste Kaiser Neros zwischen Genuss und Gewalt, Berlin u. a. 2019

E. MEYER, Ursprung und Anfänge des Christentums, Bd. III: Die Apostelgeschichte und die Anfänge des Christentums, Stuttgart/Berlin 1923

S. C. MIMOUNI, Les établissements nazoréens, ébionites et elkasaïtes s'après les hérésiologues de la Grande Église, Annali di storia dell'esegesi 31.2 (2014), 25-39

J. MOLTHAGEN, Der römische Staat und die Christen im zweiten und dritten Jahrhundert, Göttingen ²1975

J. MOLTHAGEN, Die Lage der Christen im Römischen Reich nach dem 1. Petrusbrief. Zum Problem einer domitianischen Verfolgung, Historia 44 (1995), 422-458

F. MONTANARI, Apion, Der Neue Pauly 1 (1996), 845-847

E. M. MOORMANN, Some Observations on Nero and the City of Rome, in: L. DE BLOIS / P. ERDKAMP et al. (Hgg.), The Representation and Perception of Roman Imperial Power, Amsterdam 2003, 376-388

W. NESTLE, „Odium humani generis" (Zu Tac. ann. XV 44), Klio 21 (1927), 91-93
M. NIEHOFF, Philon von Alexandria. Eine intellektuelle Biographie, Tübingen 2019
M. NIEHOFF, „And Abraham Trusted God and It Was Counted to Him as Righteousness" (*Gen.* 15.6). Abraham's Faith in the Exegesis of Paul and Philo, in: Studia Philonica Annual 32 (2020) (im Druck)
É. NODET, HERODIANI (Mc 3,6), CHRISTIANI (Actes 11,26), Revue Biblique 121 (2014), 112-123
E. NORELLI, L'Ascensione di Isaia. Studi su un apocrifo al crocevia dei cristianesimi, Bologna 1994
E. NORELLI, Ascensio Isaiae. Commentarius, Turnhout 1995

M. ÖHLER, Geschichte des frühen Christentums, Göttingen 2018

E. PETERSON, Christianus, in: DERS., Frühkirche, Judentum und Gnosis. Studien und Untersuchungen, Darmstadt 1982, 64-87
J. POLLINI, Burning Rome, Burning Christians, in: BARTSCH / FREUDENBURG / LITTLEWOOD 2017, 213-236

S. REBENICH, *medio tutissimus ibis*. Mythos und Politik im frühen Prinzipat, in: K.-J. HÖLKESKAMP / S. REBENICH (Hgg.), Phaëthon. Ein Mythos in Antike und Moderne, Stuttgart 2009, 33-43
J. ROMM, Seneca und der Tyrann. Die Kunst des Mordens an Neros Hof, München 2018
W. RORDORF, Die neronische Christenverfolgung im Spiegel der apokryphen Paulusakten, New Testament Studies 28 (1982), 365-374

A. SCHIESARO, The Passions in Play: *Thyestes* and the Dynamics of Senecan Drama, Cambridge 2003
A. SCHIRMER, Antiope (1), in: W. H. ROSCHER (Hg.), Ausführliches Lexikon der griechischen und römischen Mythologie, Bd. I.1, Leipzig 1886, 380-382
T. SCHMITT, Paroikie und Oikoumene. Sozial- und mentalitätsgeschichtliche Untersuchungen zum 1. Clemensbrief, Berlin/New York 2002
T. SCHMITT, Rez. O. Zwierlein, Petrus in Rom, 2009, in: sehepunkte 10.9 (2010): http://www.sehepunkte.de/2010/09/16250.html#fna3
T. SCHMITT, Die Christenverfolgung unter Nero, in: S. HEID (Hg.), Petrus und Paulus in Rom. Eine interdisziplinäre Debatte, Freiburg/Basel/Wien 2011, 517-537
T. SCHMITT, Des Kaisers Inszenierung. Mythologie und neronische Christenverfolgung, ZAC 16 (2012), 487-515
G. SCHNEIDER, Clemens von Rom. Epistola ad Corinthos – Brief an die Korinther. Übersetzt und eingeleitet, Freiburg u. a. 1994
U. SCHNELLE, Die getrennten Wege von Römern, Juden und Christen. Religionspolitik im 1. Jahrhundert n. Chr., Tübingen 2019

S. SCHREIBER, Die Chronologie der paulinischen Briefe, in: F. W. HORN (Hg.), Paulus Handbuch, Tübingen 2013, 158-165

Chr. SCHUBERT, Studien zum Nerobild in der lateinischen Dichtung der Antike, Stuttgart/Leipzig 1998

D. R. SCHWARTZ, Philo, Hist Familiy, and His Times, in: A. KAMESAR (Hg.), The Cambridge Companion to Philo, Cambridge 2009, 9-31

B. SHAW, The Myth of the Neronian Persecution, JRS 105 (2015), 73-100

N. W. SLATER, Nero's Masks, CW 90 (1996), 33-40

E. M. SMALLWOOD, The Alleged Jewish Tendencies of Poppaea Sabina, JThS 10 (1959), 329-335

H. SONNABEND, Nero. Inszenierung der Macht, Darmstadt 2016

J. TAYLOR, Why Were the Disciples First Called „Christians" at Antioch? (Acts 11,26), RB 101 (1994), 75-94

G. THEISSEN, Lokalkolorit und Zeitgeschichte in den Evangelien. Ein Beitrag zur Geschichte der synoptischen Tradition, Freiburg/Göttingen 1989

Th. H. TOBIN, Paul's Rhetoric in Its Contexts: The Argument of Romans, Peabody (Mass.) 2004

Ch. TORRE, Senecan Drama and the Age of Nero, in: BARTSCH / FREUDENBURG / LITTLEWOOD 2017, 137-150

P. TREBILCO, Self-Designations and Group Identity in the New Testament, Cambridge 2012

J. ULRICH, Euseb, HistEccl III,14-20 und die Frage nach der Christenverfolgung unter Domitian, ZNW 87 (1996), 269-289

M. VAHRENHORST, Der erste Brief des Petrus, Stuttgart 2016

F. VITTINGHOFF, „Christianus sum" – Das „Verbrechen" von Außenseitern der römischen Gesellschaft, Historia 33 (1984), 331-357

G. H. WALDHERR, Nero. Eine Biografie, Regensburg 2005

J. WALSH, The Great Fire of Rome: Life and Death in the Ancient City, Baltimore 2019

H. WENDT, Iudaica Romana. A Rereading of Judean Expulsions from Rome, Journal of Ancient Judaism 6 (2015), 97-126

J. WILKES, Julio-Claudian Historians, CW 65 (1972), 177-203

M. H. WILLIAMS, 'Θεοσεβὴς γὰρ ἦν' – The Jewish Tendencies of Poppaea Sabina, JThS 39 (1988), 97-111

E. WILSON, The Greatest Empire. A Life of Seneca, Oxford 2018

A. WINTERLING, Aula Caesaris. Studien zur Institutionalisierung des römischen Kaiserhofes in der Zeit von Augustus bis Commodus (31 v. Chr.-192 n. Chr.), München 1999

A. WINTERLING, Caligula. Eine Biographie, München 2003

E. ZARA, A Minor Compilation of Readings of Suetonius' Nero 16.2, in: textexcavations 2011: http://www.textexcavation.com/documents/zarasuetoniuschristiani.pdf [9.2. 2020]

O. ZWIERLEIN, Petrus in Rom, die literarischen Zeugnisse. Mit einer kritischen Edition der Martyrien des Petrus und Paulus auf neuer handschriftlicher Grundlage, Berlin/New York ²2010

O. ZWIERLEIN, Petrus in Rom? Die literarischen Zeugnisse, in: S. HEID (Hg.), Petrus und Paulus in Rom. Eine interdisziplinäre Debatte, Freiburg/Basel/Wien 2011, 444-467

O. ZWIERLEIN, Petrus und Paulus in Jerusalem und Rom. Vom Neuen Testament zu den apokryphen Apostelakten, Berlin/Boston 2013

Zeitfracht Medien GmbH
Ferdinand-Jühlke-Straße 7,
99095 - DE, Erfurt
produktsicherheit@zeitfracht.de

Druck:
CPI Druckdienstleistungen GmbH
im Auftrag der
Zeitfracht Medien GmbH
Ein Unternehmen der Zeitfracht - Gruppe
Ferdinand-Jühlke-Str. 7
99095 Erfurt